STRUCTURATION DE L'ESPACE DANS LES LANGUES DE LA BALTIQUE ORIENTALE

II

LACITO - documents

EURASIE

7

Fanny de SIVERS
(éditeur)

STRUCTURATION DE L'ESPACE
DANS LES LANGUES
DE LA BALTIQUE ORIENTALE

II

ORGANISATION DE L'ESPACE HABITÉ

1984

Société d'Études Linguistiques et Anthropologiques de France

SOMMAIRE

LES AUTEURS :

- Stanisław F. KOLBUSZEWSKI
  Maître de Conférences à l'Université
  Adam Mickiewicz de Poznań

- Friedrich SCHOLZ
  Professeur à l'Université de Münster

- Ulrich OBST
  Maître-Assistant à l'Université de
  Münster

- Fanny de SIVERS
  Maître de Recherche au C.N.R.S.

- Wolfgang VEENKER
  Professeur à l'Université de
  Hambourg

- Helge D. RINHOLM
  Professeur à l'Université de
  Stockholm

- William R. SCHMALSTIEG
  Professeur à l'Université de
  Pennsylvanie

P RÉFACE

Ce recueil présente une partie des réflexions et des observations faites au cours des travaux du Groupe International de Recherche sur la Baltique Orientale (LACITO, Section Europe) depuis 1978 à Paris, Münster, Hambourg et Stockholm.

Il fait suite à notre première publication (F. de SIVERS, 1978, *Structuration de l'espace dans les langues de la Baltique Orientale*, LACITO-Documents, Eurasie 1, Paris, SELAF) et essaie de mettre en lumière les pré- et postpositions et les cas locaux que l'on rencontre le plus souvent dans les descriptions de l'espace habité.

Notre groupe continue à travailler sur ce thème dont les conclusions sont loin d'être épuisées. Nous espérons que notre prochain volume présentera la synthèse de nos résultats.

F.S.

S. F. KOLBUSZEWSKI

CARACTERES PARTICULIERS DES PREPOSITIONS SPATIALES POLONAISES
ET
CONCLUSIONS GENERALES POUR LA RECHERCHE

————————

Le sujet de la discussion des dernières rencontres du Groupe International de Recherche sur la Baltique Orientale (Stockholm, juin
1979, Münster, décembre 1979) était successivement :
1) l'adhérence des prépositions (resp. les éléments de pré- et postposition exprimant les rapports spatiaux) aux *localisateurs* suivants
(Loc) : la ville, la campagne, la montagne, la vallée, le lac, la ri-
vière, etc. ;
2) les rapports spatiaux relatifs à la *table*, à la *porte*, à la *fenêtre*.
Le fait que, dans le polonais, toutes les prépositions spatiales
peuvent s'unir aux localisateurs étudiés (Loc[1], voir ci-avant).
A Münster une convergence a été constatée entre le polonais et
le russe (resp. les dialectes russes) dans l'expression des rapports
spatiaux concernant la *table*, la *porte*, la *fenêtre*.
Les questionnaires distribués, avec les thèmes concernant les
rapports spatiaux dans les langues de l'aire de la Baltique Orientale,
ainsi que les réponses préparées (pour le polonais) permettent, à la
base de considérations détaillées, certaines constatations de caractère général.
Nombre de réflexions m'ont été suggérées par l'étude des questionnaires de Münster (par ordre alphabétique) de U. Obst, G. Ressel

————————————————————
(1) A éveillé à Stockholm l'incrédulité et l'étonnement.

et F. Scholz.

En comparant les matériaux concernant l'allemand input et le polonais output j'ai constaté :
a) des particularités (peculiarities) des propositions spatiales polonaises et de leur emploi dans le polonais ;
b) les caractères pertinents (pertinent) du *Loc* vs *El* dans l'emploi
suggérant l'emploi de telles et pas d'autres prépositions spatiales
dans le polonais.

Dans les recherches de notre Groupe International, nos considérations se rattachaient aux catégories Spatial behaviour (entre autres la catégorie de direction) et au Type of neighbourhood (entre
autres la catégorie de dimension). C'est-à-dire que nos considérations concernaient uniquement les *rapports* entre 1) El_{loc} et $Fragm_{spat}$

2) $Fragm_{spat}$ et Loc

sans s'occuper 3) du caractère de El_{loc}

ni 4) des traits inhérents du Loc. Cependant, il s'avère
que, dans l'emploi des différentes prépositions spatiales, et le 3)
et le 4) sont pertinents.

Il s'agit de répondre à la question d'où vient cette certitude ?
Or les paires antonymiques, c'est-à-dire les paires de propositions
minimales faisant opposition en témoignent d'une manière évidente :

1.1. człowiek stoi <u>przed</u> oknem
     l'homme est devant la fenêtre   vs.

1.2. stół stoi <u>pod</u> oknem
     la table est <u>sous</u> la fenêtre,
     la table est devant (près de la fenêtre)

     kot leży <u>pod</u> ścianą // oknem
     le chat est couché <u>sous</u> le mur // la fenêtre
     le chat est couché près du / contre le mur, la fenêtre

     piłka leży <u>pod</u> ścianą // oknem
     la balle est au pied du mur, de la fenêtre
     litt. la balle est <u>sous</u> le mur // la fenêtre

2.1. człowiek stoi <u>za</u> oknem
     l'homme est <u>derrière</u> la fenêtre,
     l'homme est dehors, devant la fenêtre   vs.

2.2. stół ogrodowy stoi <u>pod</u> oknem

    la table de jardin est <u>sous</u> la fenêtre

    la table de jardin est dehors, près de la fenêtre

2.3. drzewo rośnie <u>za</u> oknem

    l'arbre pousse <u>derrière</u> la fenêtre

    l'arbre est planté devant la fenêtre vs.

2.4. krzak rośnie <u>pod</u> oknem

    le buisson pousse <u>sous</u> la fenêtre

    le buisson est planté près de la fenêtre etc.

Il est évidemment possible d'employer les prépositions facultatives vs. les prépositions obligatoires.

Il s'avère que le trait pertinent qui décide, entre autres, de
l'emploi de la préposition pod "sous", dans le sens

1.1. przed czymś   "derrière quelquechose", resp.

2.1. za czymś   "derrière quelquechose" est la *dimension* El_{loc}

                  (c'est-à-dire la dimension de la chose resp. de

                  la personne localisée).

C'est donc le trait El_{loc} - la grandeur + la dimension qui est pertinent, entre autres.

Mais ce trait suffit-il pour décider de l'emploi de telle ou
telle préposition ? Non. je trouve qu'il faut aussi prendre en considération le caractère du Loc, c'est-à-dire de la chose ou de la personne par rapport à laquelle a lieu la localisation El_{loc}, j'y revien-
drai plus tard.

Le trait inhérent El_{loc} est aussi pertinent :

$$\begin{bmatrix} - \text{ human} \\ + \text{ être humain} \end{bmatrix} \quad \text{resp.} \quad \begin{bmatrix} - \text{ object} \\ + \text{ objet inanimé} \end{bmatrix}$$

Comme exemples voyons les paires de propositions avec la préposition przez "par" :

3.0. człowiek przechodzi <u>przez</u> skałę

    l'homme passe <u>par</u> le rocher

    l'homme traverse le rocher vs.

4.0. tunel przechodzi <u>przez</u> skałę

    le tunnel passe <u>par</u> le rocher

3.0. człowiek przechodzi <u>przez</u> płot

    l'homme passe par la haie

    l'homme franchit la haie   vs.

4.0. kula przechodzi <u>przez</u> płot

    la balle passe par la haie

Le trait pertinent qui décide de l'emploi de la préposition przez dans le sens 3.0. ⌐‾⌐ = "franchissant l'obstacle (Loc) par en haut",   ou 4.0. ____ = "franchissant l'obstacle (Loc) par son milieu, par sa masse", est le caractère :

$$\left[{\textstyle {- \atop +}}\ \text{animal} \right] \text{vs.} \quad \left[{\textstyle {- \atop +}}\ \text{matière inanimée} \right]$$

mrówka <u>przez</u> serca (z piernika) przezsła

la fourmi a passé <u>par</u> le coeur (en pain d'épices), <u>par dessus</u> vs.

nóż przeszedł <u>przez</u> serce i płuca

le couteau a passé par le coeur et les poumons, etc.

Cependant, ce n'est pas tout...

Les paires suivantes de propositions minimales informent (de manière indirecte, c'est-à-dire pas directe = implicite, non explicite) sur le caractère du Loc. M'exprimant autrement je dirai que les traits inhérents du Loc. sont la cause de la différenciation de la signification de la préposition pod :

    Cf. les groupes de Loc. à traits différents :

niebo	"le ciel"	góra	"la montagne"
dach	"le toit"	ścianą	"le mur, la paroi"
stół	"la table"	okno	"la fenêtre"
krzesło	"la chaise"	drzwi	"la porte"
podłoga	"le plancher"	mur	"le mur"

La base de la différenciation c'est le *système horizontal* vs. le *système vertical* du plan principal du localisateur.

    A cet égard voir :

5.1. piłka leży <u>pod</u> krzesłem

    la balle est sous la chaise   vs.

6.1. piłka leży <u>pod</u> ścianą

    la balle est <u>sous</u> le mur

    la balle est près du mur

przed resp. za, selon la position A (du locuteur = de la personne qui parle), B (de l'écouteur = de la personne qui écoute).

5.2. pies siedzi pod stołem

    le chien est sous la table   vs.

6.2. pies siedzi pod drzwiami

    le chien est sous la porte

    le chien est près de la porte

przed resp. za "devant" resp. "derrière", comme ci-dessus.

5.3. człowiek stoi pod dachem

    l'homme est sous le toit

    l'homme est à l'abri du toit vs.

6.3. człowiek stoi pod murem

    l'homme est sous le mur

    l'homme est au pied du mur

przed resp. za, comme ci-dessus, etc.

    Signification de pod :

Loc. $\begin{bmatrix} - \\ + \text{ horizontal} \end{bmatrix}$ vs. $\begin{bmatrix} - \\ + \text{ vertical} \end{bmatrix}$:

5.0. pod = (franç.) "sous"   - 6.0. przy = (franç.) "près de, au pied de"

    Avant de conclure, je reviens à la question des variantes facultatives vs. les variantes obligatoires de l'emploi des prépositions. En polonais on peut dire :

position à l'intérieur, 1.1. człowiek stoi przed oknem //   "devant"

            // człowiek stoi pod oknem   vs."sous"

                1.2. stół stoi pod oknem

            Attention : szafa stoi przed oknem

Dans le cas 1.1. les variantes sont facultatives, tandis que dans le cas 1.2. la variante pod est obligatoire;

position à l'extérieur, 2.1. człowiek stoi za oknem

              ≠ człowiek stoi pod oknem

           2.3. drzewo rośnie za oknem

              ≠ drzewo rośnie pod oknem

Ce qui s'impose ici c'est la caractère pertinent de *distance* par rapport au Loc. $\begin{bmatrix} - \\ + \text{ contact} \end{bmatrix}$

za oknem définit d'une manière générale la position de X quelque part à une distance indéterminée de la fenêtre.

pod oknem la position particulière de X, plus près de la fenêtre.

Conclusion

L'emploi des prépositions dans le polonais (il me semble permis de supposer que, analogiquement, la question se présente de la même manière dans les langues de l'aire de la Baltique Orientale) est le résultat de quatre éléments :
1) Spatial behaviour
2) Type of neighbourhood
3) Caractère de El
              loc
4) Traits inhérents du Loc.

Je voudrais présenter le résultat de mes considérations à l'aide de tables illustrant successivement les caractères particuliers pertinents (pertinent) pour l'emploi des prépositions dans le polonais (éventuellement dans les autres langues).

FORME et SEMANTIQUE des PREPOSITIONS

R_1 = Catégorie de direction				Catégorie de dimension = R_2
Locat	Perlat	Allat	Ablat	
				Cohérence = opp. de CONTACT $\pm$
				Subjectivité = opp. de $\overleftarrow{\text{PLAN}}$
				Objectivité = opp. de NIVEAU
				etc.
E_{loc} = Caractère de l'E_{loc}				Traits inhér. du Loc = Loc
Chose resp. animal	Homme resp. animal	petit	GRAND etc.	
				Plan (= Loc horizontal)*
				Volume (ev. Loc vertical)**
				Vide vide (= ouvert) •)
				plein (= fermé) •)
				etc.

*   Le mouvement de l'E_{loc} vers   le Loc = parallèle

**   Le mouvement de l'E_{loc} vers   le Loc = perpendiculaire

Sc. : •)   /-/ obstacle   vs.   /+/ obstacle
           = Loc ouvert   = Loc fermé

FORME   = $\begin{cases} R_1 & \text{- Spatial behaviour } E_{loc} \longleftrightarrow fragm_{spat} \\ R_2 & \text{- Type of neighbourh } fragm_{spat} \longleftrightarrow Loc \end{cases}$

SEMANTIQUE = $\begin{cases} E_{loc} & \text{- Le caractère de l'Elément localisé} \\ Loc & \text{- Les traits inhérents du Localisateur} \end{cases}$

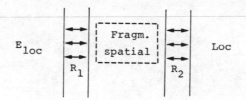

E_{loc} R_1 Fragm. spatial R_2 Loc

S. F. KOLBUSZEWSKI

EN MARGE DES PROBLEMES DE LA RELATIVITE DES RAPPORTS SPATIAUX

CARACTERES SPECIFIQUES DE L'EMPLOI DES PREPOSITIONS
POLONAISES ET LETTONES
ET CONCLUSIONS GENERALES POUR LA RECHERCHE

———————

1. pol. przed   vs. pod   // pol. za   vs. pod
2. pol. pod = franç. "sous" vs. pol. pod = franç. "près de" // "au pied de"
3. pol. przez = lett. caur/i/ vs. pol. przez = lett. pa // par

O. Dans les études du Groupe International de Recherche sur la Baltique Orientale, nos considérations se rattachaient aux catégories Spatial behaviour (e.a. la Catégorie de direction) et aux Type of Neighbourhood (e.a. la Catégorie de dimension).

Voir LACITO-Documents, Eurasie 1, 1978, pp. 65-74. C'est-à-dire que nos considérations concernaient uniquement les rapports

    1. entre E_{loc} et $Fragm_{spat}$.
    2. entre $Fragm_{spat}$ et Loc – sans égard pour
    3. le caratère de E_{loc} – et pour
    4. les traits inhérents du Loc.

Cependant il s'avère que, dans l'emploi des différentes prépositions spatiales et *le caractère de l'Elément localisé* et *les traits inhérents du Localisateur* sont pertinents.

Les prépositions / resp. les éléments de pré- et postposition /,

exprimant les rapports spatiaux, communiquent en même temps certains
rapports non-spatiaux, c'est-à-dire certains caractères, liés au
contexte ou à la co-situation (voir D. NĪTIŅA, 1978 : 17), c'est-à-
dire ils communiquent, en même temps, d'une certaine manière, le caractère El_{loc} et les traits inhérents du Loc. Cette question est gé-
néralement traitée en marge dans les ouvrages, consacrés aux recherches
sur les rapports spatiaux.

Dans certaines langues l'information concernant E_{loc} ou Loc est
exprimée à l'aide de moyens formels (voir M. JURKOWSKI, 1975 : 53, 49),
tandis que dans d'autres elle est exprimée à l'aide de moyens sémantiques. Voir les paires suivantes dans le letton et dans le polonais :

lett. let <u>caur</u> istabu   vs.   lett. ...lec <u>pāri</u> <u>par</u> žogu !
  (D. NĪTIŅA, 1978 : 72)   (D. NĪTIŅA, 1978 : 127)

pol. !śč <u>przez</u> pokój   pol. ... skacz <u>przez</u> płot !
                = franç. trad. littérale :
        passer par la chambre   ... saute par la haie !
        (traverser la chambre)   (saute la haie !)
(sc. traverser un volume   (sc. sauter au-dessus d'un volume
        "vide")   "plein")

1. Caractère de l'élément localisé

1.0. Dans les ouvrages polonais de linguistique quelques cher-
cheurs s'intéressent à certains traits de E_{loc} dans le processus de
communication des rapports spatiaux, cependant, ils ne le font que
sporadiquement : M. JURKOWSKI, 1975 : 52 ; B. KLEBANOWSKA, 1971 : 25,
33 et suiv. ; A. WEINSBERG, 1973 : 92. Ils se rapportent à l'aspect
formel et / ou sémantique des prépositions étudiées. Parmi les travaux lettons de linguistique il faut mentionner la monographie de D.
NĪTIŅA, 1978 : 72.

Un des premiers traits caractéristiques de E_{loc} (trait primaire)
que l'on aperçoit dans l'emploi des différents moyens formels et / ou
différents moyens sémantiques exprimant les rapports spatiaux est :

le trait $\left[\underline{+}\text{ grandeur}\right]$ resp. $\left[\underline{+}\text{ dimension}\right]$ El_{loc}

Il semble qu'il ne faut prendre en considération que plus tard
le trait E_{loc} $\left[\underline{+}\text{ animé}\right]$ ou bien $\left[\underline{+}\text{ humain}\right]$ et d'autres.

Il s'agit de répondre à la question sur quoi est basée cette
certitude ? M. JURKOWSKI, 1975 : 53, présente un exemple très net du

conditionnement de l'emploi de différents moyens formels (sc. dans l'expression des rapports spatiaux) selon la grandeur de E_{loc} dans la langue komi-(zyrienne). On y trouve l'opposition :

ki-yn   vs   ki vylyn

"dans la main"   "sur la main"

On emploie le suffixe -yn, lorsque E_{loc} est *petit* (c'est-à-dire lorsque E_{loc} est compris dans le Loc en entier, dans le cas présent dans la main), on emploie, par contre, la postposition vylyn, lorsque E_{loc} est *grand* (c'est-à-dire lorsque E_{loc} ne peut *pas être compris* en entier dans le Loc, comme plus haut, dans la main).

Dans le polonais le trait $\left[\mp \text{ grandeur} \right]$ resp. $\left[\mp \text{ dimension} \right]$ apparaît aussi, par exemple, dans l'expression des rapports spatiaux sur l'axe horizontal, sous la forme de l'opposition.

przed vs. pod   resp.   za vs. pod

Les paires antonymiques suivantes, c'est-à-dire les paires de propositions minimales, faisant opposition, en témoignent d'une manière évidente :

1.1.1. człowiek stoi przed oknem
   L'homme est devant la fenêtre

1.1.2. stół stoi pod oknem
   La table est sous la fenêtre =
   la table est devant la fenêtre, ou
   la table est près de la fenêtre.

   Cf. kot leży pod ścianą
   Le chat est couché sous le mur =
   le chat est couché contre le mur.

   piłka leży pod ścianą
   La balle est sous le mur =
   la balle est au pied du mur.

1.2.1. człowiek stoi za oknem
   L'homme est derrière la fenêtre =
   l'homme est dehors, devant la fenêtre.

1.2.2. stół ogrodowy stoi pod oknem
   La table de jardin est sous la fenêtre =
   la table de jardin est dehors sous la fenêtre.

Cf. (ad 1.2.1.) drzewo rośnie za oknem

L'arbre pousse derrière la fenêtre =

l'arbre est planté devant la fenêtre vs.

(ad 1.2.2.) krzak rośnie pod oknem

Le buisson pousse sous la fenêtre =

le buisson est planté près de la fenêtre, etc.

Il apparaît que le trait pertinent qui décide, entre autres, de l'emploi de la préposition pol. pod "sous" dans le sens :

1.1.2. przed czymś = devant quelque chose, resp.

1.2.2. za czymś = derrière quelque chose est le trait

$\left[- \text{grandeur} \right]$ resp. $\left[- \text{dimension} \right]$ de l'El$_{\text{loc}}$.

W. VEENKER (Paris, 1980) qui met en doute cette thèse (c'est-à-dire la question de la dépendance entre le caractère de E_{loc} et l'emploi de telles ou telles prépositions et / ou postpositions exprimant les rapports spatiaux) n'a pas pris en considération le fait que la chose ne concerne pas seulement leur aspect formel, mais aussi leur aspect sémantique qui peut être, à son tour, conditionné par les traits inhérents du Loc. (voir ci-dessous).

F. de SIVERS considère, par contre, que la question ne se rapporte pas au trait $\left[\frac{-}{+} \text{grandeur} \right]$ resp. $\left[\frac{-}{+} \text{dimension} \right]$ E_{loc} mais que l'emploi des prépositions, resp. des pré- et postpositions, exprimant les rapports spatiaux, dépend de la situation de E_{loc} par rapport à la ligne de vision du Locuteur : si E_{loc} se trouve sur la ligne de vision /A/, ou si E_{loc} se trouve au dessous, le regard du Locuteur étant, dans les deux cas, dirigé sur le Loc.

Enfin, B. KLEBANOWSKA, 1971 : 9, part du principe que :

$\left[\frac{-}{+} \text{grandeur} \right]$ resp. $\left[\frac{-}{+} \text{dimension} \right]$ E_{loc} n'est pas une valeur absolue, mais toujours relative par rapport à la

$\left[\frac{-}{+} \text{grandeur} \right]$ resp. $\left[\frac{-}{+} \text{dimension} \right]$ du Loc.

2. Traits inhérents du Localisateur

2.0. Les Localisateurs (= Loc) peuvent se présenter sous la forme de points et de lignes, et aussi sous la forme de plans ou de volumes. Dans le processus de communication des rapports spatiaux, la base de différenciation des Localisateurs est surtout l'opposition *plan* vs. *volume*, considérée du point de vue du Locuteur et de l'Interlocuteur, sous la forme de l'opposition du système horizontal vs. le système vertical du plan du Localisateur. On le voit très bien dans les exemples suivants :

2.1.1. piłka leży <u>pod</u> krzesłem
La balle est <u>sous</u> la chaise.

2.1.2. pies siedzi <u>pod</u> stołem
Le chien est <u>sous</u> la table.

2.1.3. człowiek stoi <u>pod</u> dachem
L'homme est <u>sous</u> le toit =
l'homme est à l'abri du toit.

vs.

2.2.1. piłka leży <u>pod</u> ścianą
La balle est <u>sous</u> le mur =
la balle est près du mur.

2.2.2. pies siedzi <u>pod</u> drzwiami
Le chien est <u>sous</u> la porte =
le chien est près de la porte.

2.2.3. człowiek stoi <u>pod</u>[1] murem
L'homme est <u>sous</u> le mur =
l'homme est au pied du mur.

Significations de pod

	Loc + horizontal vs.	Loc + vertical
2.1. pod	= franç. "sous"	-------------
2.2. pod $^{a/b}$	---------------	= franç. "près de" "au pied de"

Puis, il y a des Loc-volumes qui *ne constituent pas d'obstacle* (pour le E_{loc} en mouvement), c'est-à-dire qui peuvent être *ouverts* d'un côté ou de l'autre, ou bien *vides* en opposition au Loc-volumes qui *constituent un obstacle* (sc. pour le E_{loc} en mouvement), c'est-à-dire des volumes qui peuvent être *fermés* de tous les côtés, ou qui sont

---

(1) pod a ici la signification de a/ "devant" resp. "derrière", selon la position du Locuteur /A/ et/ou "derrière" selon celle de l'Interlocuteur /B/.

pleins à l'intérieur.

Dans l'expression des rapports spatiaux, les traits inhérents dont il a été question se présentent sous la forme de prépositions resp. de pré- et / ou postpositions, soit dans les catégories formelles, soit dans les catégories sémantiques. Voir :

dans la langue avare (Daghestan)
kisini-b "dans la poche"   vs.   gugu-ly   "dans la foule"
rokŭo-b   "dans la maison"   lŭlŭe-ly   "dans l'eau"
   (Loc + vide)   vs.   (Loc + plein)
Cité d'après M. JUROKOWKI, 1975 : 49.

Voir aussi les exemples lettons et les exemples polonais de l'introduction (0) à mes considérations.

Il faut signaler ici que A. WEINSBERG, 1973 : 23-24, contrairement à C. DOMINTE, 1970 : 232, nie, par exemple, le rôle de la forme du Loc dans l'emploi de telle ou telle préposition.

Du point de vue qui vient d'être présenté, les Localisateurs, étudiés dans les travaux du Groupe International de Recherche sur la Baltique Orientale (voir Stockholm, 1979) doivent être divisés en deux groupes essentiels. La base de cette division ce sont les traits inhérents de ces Loc qui conditionnent, en dernière instance, l'aspect formel et / ou l'aspect sémantique des prépositions employées, resp. des pré- et / ou postpositions exprimant les rapports spatiaux.

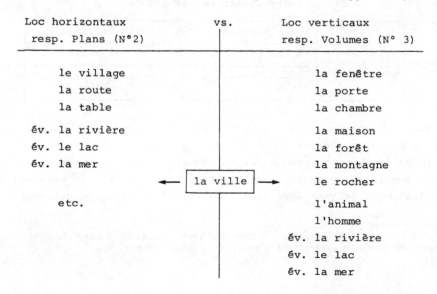

Loc horizontaux resp. Plans (N°2)	vs.	Loc verticaux resp. Volumes (N° 3)
le village		la fenêtre
la route		la porte
la table		la chambre
év. la rivière		la maison
év. le lac		la forêt
év. la mer		la montagne
	← la ville →	le rocher
etc.		l'animal
		l'homme
		év. la rivière
		év. le lac
		év. la mer

3. Croisement des traits E_{loc} + Loc

Il me reste à souligner que, dans l'emploi des prépositions resp. des pré- et / ou des postpositions, de leur aspect forme et / ou de leur aspect sémantique décident, en majeure partie, ensemble le Caractère de E_{loc} + les Traits inhérents du Loc. Il y a donc ici, comme dans le cas des catégories Spatial behaviour des catégories Type of neighbourhood, un croisement de traits E_{loc} + Loc. En fin de compte, dans le polonais, ce croisement décide de la signification des prépositions. Comme exemple voir les paires suivantes :

3.0.1. kula przeleciała *przez* pokój
La balle a passé *par* la chambre =
la balle a traversé la chambre.

3.0.2. człowiek przebiega *przez* pokój
L'homme court *par* la chambre =
l'homme court à travers la chambre.

3.0.3. kula przechodzi *przez* płot
La balle passe *par* la haie.

3.0.4. człowiek przechodzi *przez* płot
L'homme passe *par* la haie =
l'homme franchit la haie.

Les traits pertinents qui décident de l'emploi de la préposition przez dans les sens 1. = 2. vs. 3. ≠ 4. :

1. = "en passant par l'intérieur d'un Loc 'vide'", sc. "par le milieu à l'intérieur" =
E_{loc} +mini- resp. -animé , Loc -obstacle

2. = "en passant par l'intérieur d'un Loc "vide", sc. "sur sa base, à l'intérieur du Loc" =
E_{loc} $\left[+\text{maxi-}\right]$ resp. $\left[+\text{animé}\right]$, Loc $\left[-\text{obstacle}\right]$

3. = "franchissant l'obstacle par son milieu / par sa masse" =
E_{loc} $\left[+\text{mini-}\right]$ resp. $\left[-\text{animé}\right]$, Loc $\left[-\text{obstacle}\right]$

4. = "franchissant l'obstacle par en haut" =
E_{loc} $\left[+\text{maxi-}\right]$ resp. $\left[+\text{animé}\right]$, Loc $\left[+\text{obstacle}\right]$

4. Conclusion

Dans mes considérations j'ai omis exprès les cas exceptionnels :

Jesus wszed <u>przez</u> zamknięte drzwi

Jésus est entré <u>par</u> la porte fermée (Ev. St Jean XX : 19 ; 26)

resp.

więzień wyskoczy <u>przez</u> zamknięte okno (!)

Le prisonnier a sauté <u>par</u> la porte fermée.

J'ai aussi laissé de côté la possibilité évidente de l'emploi facultatif cs. obligatoire des prépositions. Enfin, j'ai négligé les cas de généralisation (la question concerne l'aspect formel des prépositions) et aussi les cas de neutralisation (la question concerne l'aspect sémantique des prépositions).

Il me semble certain que l'emploi des prépositions dans le polonais est le résultat de l'action de quatre facteurs au moins :

1. Spatial Behaviour
2. Type of neighbourhood
3. Caractère de E_{loc}
4. Traits inhérents du Loc.

Il me semble permis de supposer que, analogiquement, indépendamment du fait si la question concerne les prépositions, ou les pré- et / ou postpositions - le problème se présente de la même manière dans toutes les langues de la Baltique Orientale.

BIBLIOGRAPHIE

C. DOMINTE, 1970, Exprimarea relaţiilor spaţiale şi temporale prin prepoziţii în lîmba romînă, dans I. COTANEU et L. WALD éds., *sistemele lîmbii*, Bucureşti.

M. JURKOWSKI, 1975, Prostranstvennyje oppozicii predložno - padežnyx kostrukcij, dans K. POLAŃSKI ed., *Linguistica Silesiana*, I, Katowice, pp. 43-54.

B. KLEBANOWSKA, 1971, *Znaczenie lokatywne polskich przyimków właściwych*, Ossolineum (PAN Prace Językoznawcze 64), Wrocław - Warszawa - Kraków-Gdańsk.

F. de SIVERS éd., 1978, *Structuration de l'Espace dans les langues de la Baltique*, LACITO-Documents Eurasie 1, Paris, SELAF.

D. NITIŅA, 1978, *Prievārdu sistema latviešu rakstu valodā*, Izd. Zinātne, Riga.

A. WEINSBERG, 1973, *Przyimki przestrzenn w jezyky polskim, niemieckim i rumuńskim*, Ossolineum (PAN - Prace Językoznawcze 71), Wrocław-Warszawa - Kraków - Gdańsk.

Friedrich Scholz

L'EXPRESSION DES RELATIONS D'ESPACE DANS LA MAISON ET SON ENTOURAGE DANS L'AIRE LINGUISTIQUE DE LA BALTIQUE DU NORD-EST

---

0. Pour pouvoir vivre dans l'espace illimité de ce monde, ce qui est sa destinée, l'homme doit pouvoir dominer cet espace, il lui faut le structurer par la pensée à l'aide de sa langue, le rendre habitable. Les éléments de base nécessaires à cet effort sont sans doute la maison et ses différentes parties, au moyen desquelles l'homme se met à l'abri, se protège contre l'infini de l'espace qui le menace. L'espace de la maison, de son intérieur et de son entourage, est le monde humain par excellence, et sa structure, les relations de ses parties entre elles et par rapport à l'homme sont d'une importance particulière quand il s'agit de la structuration de l'espace par la langue. On devrait s'attendre à trouver dans les expressions de ces relations dans la langue bien des traits archaïques qui reflètent les procédés d'une pensée primitive et qui laissent entrevoir des notions primordiales dans ce domaine si important pour la vie intime de l'homme. On devrait s'attendre aussi à y trouver des convergences significatives entre des langues voisines, situées dans une même région, tandis que les différences essentielles dans ce domaine indiqueraient qu'une langue donnée n'appartient pas à l'aire qui est charactérisée par de telles convergences.

1. C'est pour cela que les participants au Projet de Structuration Linguistique de l'Espace dans l'Aire Linguistique
de la Baltique du Nord-Est ont jugé bon de faire une petite
étude comparative de l'usage des cas concrets et/ou des prépositions et postpositions dans le domaine mentionné. Un
texte allemand qui contient 38 cas particuliers d'un tel
usage et qui a été composé par moi sous forme d'un chapitre
d'un roman inachevé, pour détourner l'attention des traducteurs des questions grammaticales, a été traduit en finnois,
estonien, lapon de montagne[1], letton, lithuanien, russe et
polonais. Voici le texte:

Ein unvollendetes Kapitel aus einem unvollendeten Roman

Noch nie hatte ich den Weg bis zu dem kleinen Haus am Dorf-
rand, das mir seit meinen Kindertagen so lieb und vertraut
war, so rasch zurückgelegt wie heute abend. Was hatte der
plötzliche geheimnisvolle Anruf Alešas zu bedeuten? Was würde
mich jetzt hier erwarten? Die grüne Bank neben dem Eingang
war leer. Das messingene Namensschild auf der Tür blitzte in
den letzten Strahlen der untergehenden Sonne. Als ich näher
herantrat, schien es mir, als leuchteten mir aus dem kleinen
Guckfenster zwei blaue Kinderaugen entgegen. Aber ich mußte
mich getäuscht haben, denn die Tür blieb verschlossen. Ich
ging um das Haus herum. Auf dem kleinen Gartentisch unter
dem Fenster, ihrem Lieblingsplatz, saß die Hauskatze Murka
und schnurrte. Sie ließ sich wie stets durch nichts aus der
Ruhe bringen. Ich versuchte durch das Fenster in das Innere
der Stube zu blicken. Die Gardinen waren zurückgezogen, aber
die vielen Blumentöpfe im Fenster hinderten mich daran, ge-
nauer zu erkennen, was drinnen vor sich ging. Da blickten
zwischen den Blumentöpfen wieder die beiden Kinderaugen hervor, und jetzt sah ich deutlich, daß es Tanja war, die nun
hier wie vorhin wohl auch aus dem Fenster der Tür nach mir
Ausschau hielt. Schnell lief ich die wenigen Schritte ums
Haus herum zurück und sah gerade noch, wie sie ihr Köpfchen
aus der nur einen Spalt geöffneten Tür herausstreckte.

Aber sie war gleich wieder hinter der schwer ins Schloß fal-
lenden Tür verschwunden, und ich hörte, wie sie rief: "Er ist
da!" Ich blieb einen Augenblick verwundert stehen. Da öffnete
sich weit die Tür, und in ihr stand die große, aufrechte Ge-
stalt eines alten Mannes. Sie füllte fast den ganzen Rahmen,
und ehe ich noch das Gesicht des Mannes näher betrachten
konnte, kam er schnellen Schrittes aus der Tür heraus auf
mich zu und schloß mich in seine Arme. Ich wollte es nicht
glauben, aber es war tatsächlich mein geliebter, seit langem
von uns allen totgeglaubter Onkel Theodor. Als wir dann Arm
in Arm über die Schwelle in die Stube schritten, bot sich mir
in dem vertrauten Raum ein ungewohnter Anblick: der große
Tisch war gedeckt und festlich geschmückt. Hinter dem Tisch
an der Wand standen Maria und Anna und blickten uns strahlend
entgegen. Tante Larisa machte sich noch vorn am Tisch zu
schaffen, ordnete die Bestecke und zupfte das blendendweiße
Tischtuch glatt, das bis auf die Stuhlsitze herabhing. Aleša
hatte auf dem Stuhl an der rechten Seite des Tisches gesessen
und war in dem Augenblick, als wir hereinkamen, aufgesprungen.
Er blickte triumphierend hinter dem Tisch hervor, als wollte
er sagen: "Na, ist das nicht eine Überraschung!?"
   Das unerwartete freudige Wiedersehen hatte mir die Stimme
verschlagen. Onkel Theodor führte mich behutsam an meinen
Platz, und nun standen wir alle um den von Kerzen erleuchteten
Tisch herum und setzten uns nach einem kurzen Gebet, das der
heimgekehrte Hausherr mit vor freudiger Erregung bebender
Stimme sprach, zum Essen nieder. Nur Tanja, unser aller Lieb-
ling, fehlte noch. Doch da lugte unter dem Tischtuch schon ihr
blonder Lockenkopf hervor. Laut prustend kam sie unter dem
Tisch hervorgekrochen und setzte sich neben mich an die festliche Tafel. Aber während Tanja sich gleich ein riesiges Stück
von der noch dampfenden Fleischpastete auf ihren Teller legte
und munter drauf los zu essen begann, wollte uns Älteren der
Appetit nicht gleich kommen. Tante Larisa legte den Löffel,
den sie schon in der Hand gehalten hatte, wieder auf den Tisch
zurück und sagte: "Ich glaube, Theodor, jetzt bist du deinem
Neffen erst einmal eine Erklärung schuldig, wie es zu deiner
wundersamen Rettung und deiner glücklichen Heimkehr gekommen

ist." Onkel Theodor blickte in die Runde. Man konnte in sei-
nen Augen lesen, was für Gefühle ihn bewegten: die ganze Fa-
milie saß nun wieder wie in alten Zeiten mit ihm um den Tisch
herum und sah ihn erwartungsvoll an. "Ja", sagte er endlich,
"das kam so: Als ich..."

Voici les résultats des traductions[2]:
1.1 bis zu dem kleinen Haus ([le chemin] jusqu'à la petite
    maison)
    F. taloon[3] (talolle). - E. majani. - Le. līdz namiņam. -
    Li. į namelį[3] (ligi to namo). - R. put' do domika. -
    P. do małego domu.
1.2 neben dem Eingang (à côté de l'entrée)
    F. sisäänkäytävän vieressä. - E. sissekäigu kõrval. -
    Le. blakus ieejai. - Li. prie (šalia) įėjimo. - R. podle
    vchoda. - P. obok wejścia.
1.3 auf der Tür ([une enseigne] sur la porte)
    F. ovessa (oven nimikilpi). - E. ukse peal (uksel). -
    Le. pie durvīm. - Li. ant durų. - R. na vchodnoj dveri. -
    P. na drzwiach.
1.4 aus dem kleinen Guckfenster ([regarder] de la petite
    fenêtre dans la porte)
    F. ikkunasta. - E. aknaaugust (ukseaknast). - Le. pa mazo
    durvju lodziņu. - Li. pro durų langelį (iš langelio
    duryse). - R. iz okošečka dveri. - P. z małego okienka
    w drzwiach.
1.5 um das Haus herum (autour de la maison)
    F. talon ympäri. - E. ümber maja. - Le. [es apgāju]
    mājai no otras puses. - Li. aplink namą. - R. vokrug
    doma. - P. [obszedłem] dom dookoła.
1.6 auf dem Gartentisch (sur la table de jardin)
    F. pöydällä. - E. aia laual. - Le. uz dārza galdiņa. -
    Li. ant sodo staliuko. - R. na stolike. - P. na małym
    stoliku.
1.7 unter dem Fenster (sous de la fenêtre)
    F. ikkunan alla. - E. akna all. - Le. zem loga. - Li. po
    lango. - R. pod oknom. - P. pod oknem.

1.8   durch das Fenster ([regarder] par la fenêtre)
     F. ikkunan läpi (ikkunasta). - E. läbi akna (aknast). -
     Le. pa logu. - Li. pro langą. - R. čerez okno. -
     P. przez okno.

1.9   in das Innere der Stube ([regarder] à l'intérieur de la
     chambre, dans la chambre)
     F. tuvan sisään (tuvan sisälle; sisälle tupaan). -
     E. tuppa sisse (toa sisemusse). - Le. istabā (istabas
     iekšenē). - Li. į kambario vidų. - R. vo vnutr' komnaty.
     - P. do wnętrza pokoju.

1.10 im Fenster ([des pots de fleurs] dans la fenêtre)
     F. ikkunalaudalla (ikkunalla). - E. aknal. - Le. aiz
     loga rūts. - Li. ant lango. - R. v okne. - P. na oknie.

1.11 drinnen (au dedans)
     F. sisällä. - E. toas sees (sees). - Le. iekšā. -
     Li. viduj (viduryje). - R. v komnate. - P. wewnątrz.

1.12 zwischen den Blumentöpfen hervor ([regarder] d'entre
     les pots de fleurs)
     F. kukkaruukkuja välistä. - E. lillepodide vahelt. -
     Le. starp puķu podiem. - Li. pro juos (tarp gėlių
     puodų). - R. iz-za gorškov s cvetami. - P. między
     doniczkami.

1.13 aus dem Fenster der Tür ([regarder] par la petite fenêtre
     dans la porte)
     F. ikkunasta. - E. ukseaugust (ukseakna kaudu). - Le. pa
     durvju lodziņu. - Li. pro durų langelį. - R. iz okošečka
     dveri. - P. przez otwór w drzwiach.

1.14 ums Haus herum ([courir] autour de la maison)
     F. talon ympäri. - E. maja tagant (ümber maja). - Le. es
     apskrējis apkārt mājai. - Li. aplink namą. - R. vokrug
     doma. - P. przebiegłem dokoła domu z powrotem.

1.15 aus der Tür ([mettre sa tête] de la porte)
     F. ovesta. - E. praokil ukse vahelt (ukse praost; pisut
     paotatud uksest välja). - Le. pa durvīm. - Li. pro
     pravertų durų plyšį (iš truputi atvirų durų). - R. v
     priotkrytuju dver'. - P. przez nieco uchylone drzwi.

1.16 hinter der Tür (derrière la porte)
     F. oven taakse. - E. ukse taha. - Le. aiz durvīm. -

Li. už durų. - R. za dverŧju. - P. za drzwiami.

1.17 in ihr [der Tür] ([être debout] dans elle [la porte])
F. siinä (ovella). - E. ukseavauses (uksel; ukselävel;
seal). - Le. tajās. - Li. tarpduryje (ten). - R. v nej.
- P. w nich.

1.18 aus der Tür heraus ([sortir] par la porte)
F. ovesta ulos. - E. ukselt (uksest välja). - Le. no
durvīm ārā. - Li. iš durų. - R. iz dveri. - P. z drzwi.

1.19 auf mich zu ([venir] vers moi)
F. minua kohti. - E. minu poole[4]. - Le. uz manu pusi[4]. -
Li. pas manę. - R. mne navstreču. - P. do mnie.

1.20 über die Schwelle ([s'avancer] par le seuil)
F. kynnyksen yli. - E. üle läve. - Le. pār slieksni. -
Li. peržengėm slenksnį (žengėm per slenksnį). -
R. perestupili porog. - P. przez próg.

1.21 in die Stube ([s'avancer] dans la chambre)
F. tupaan. - E. tuppa. - Le. istabā. - Li. į kambarį. -
R. v komnatu. - P. do pokoju.

1.22 in dem Raum ([voir quelque chose] dans la chambre)
F. huoneessa. - E. ruumis. - Le. telpā. - Li. vietoj. -
R. v nej. - P. w pomieszczeniu.

1.23 hinter dem Tisch (derrière la table)
F. pöydän takana. - E. laua taga. - Le. aiz galda. -
Li. už stalo. - R. za stolom. - P. za stołem.

1.24 an der Wand (auprès du mur)
F. seinän vierässä (seinustalla). - E. seina ääres. -
Le. sienmalē. - Li. prie sienos. - R. u steny. - P. pod
ścianą.

1.25 vorn am Tisch (devant la table)
F. pöydän ääressä (pöydän edustalla; pöydän edessä). -
E. laua juures (laua ees; siinpool lauda). - Le. gar
galda priekšu. - Li. prie stalo (priešakyje stalo). -
R. u stola (okolo stola [vozilas']; pered stolom
[stojala]). - P. zprzodu stołu.

1.26 bis auf die Stuhlsitze ([pendre] jusqu'aux sièges des
chaises)
F. istumiin saakka (istumille saakka; istuiten tasolle).
- E. tooliistmeteni (toolini; istmekõrguseni). -

Le. līdz krēsliem. - Li. iki kėdžiu̧. - R. na siden'e
stul'ev. - P. aż do siedzeń krzeseł.

1.27 auf dem Stuhl ([être assis] sur la chaise)
F. tuolilla. - E. tooli peal. - Le. uz krēsla. - Li. ant
kėdės. - R. na stule. - P. na krześle.

1.28 an der rechten Seite des Tisches (au côté droit de la
table)
F. pöydän oikealla puolella. - E. paremal pool lauda
(laua otsas ?; laua ääres paremal pool). - Le. galda
labajā malā. - Li. stalo dešinėj. - R. po pravuju storonu
stola. - P. po prawej stronie stołu.

1.29 herein kamen ([venir] dedans)
F. sisään. - E. sisse. - Le. ienācām. - Li. i̧ėjom. -
R. v komnatu. - P. do pokoju.

1.30 hinter dem Tisch hervor ([regarder] de derrière la
table)
F. pöydän takaa. - E. laua tagant. - Le. no aizgaldes. -
Li. iš už stalo. - R. s toj storony stola. - P. zza
stołu.

1.31 an meinen Platz ([conduire quelqu'un] à sa place)
F. paikalleni. - E. oma kohani (minu kohale). - Le. līdz
manai vietai. - Li. i̧ mano vietą (ant mano vietos). -
R. - - . - P. na moje miejsce.

1.32 um den Tisch herum ([être debout] autour de la table)
F. pöydän ympärillä. - E. laua ümber. - Le. ap galda. -
Li. aplink stalą. - R. okolo stola. - P. dokoła/dookoła
stołu.

1.33 [sich] zum Essen nieder[setzen] ([s'asseoir] pour
manger)
F. pöytään ... syömään. - E. lauda ... sööma. - Le. pie
galda (pie ēdiena). - Li. valgyti (pas stalą). - R. seli
za stol (pristupili k trapeze). - P. do stołu.

1.34 unter dem Tisch hervor ([regarder] de dessous la table)
F. pöydän alta. - E. laua alt. - Le. no pagaldes. -
Li. iš po stalo. - R. iz-pod stola. - P. spod stołu.

1.35 neben mich ([s'asseoir] auprès de moi)
F. viereeni. - E. minu kõrvale. - Le. man blakus. -
Li. šalia manęs. - R. rjadom so mnoj. - P. obok mnie.

1.36 an die festliche Tafel ([s'asseoir] à la table de fête)
F. juhlapöytään. - E. piduliku laua äärde (peolauda). -
Le. pie ... galda. - Li. prie ... stalo. - R. za ...
stol. - P. przy stole.
1.37 auf den Tisch ([mettre quelque chose] sur la table)
F. pöydälle. - E. lauale. - Le. uz galda. - Li. ant
stalo. - R. na stol. - P. na stół.
1.38 in die Runde ([regarder] tout autour)
F. meihin ... ympärilleen. - E. ringi. - Li. į visus. -
R. na vsech. - P. wokół (dokoła/dookoła).

2.0 La synopse donnée plus haut (1.1 - 1.38) montre que dans
un nombre considérable des exemples les cas concrets et les
postpositions ou prépositions correspondantes ont une signification identique ou presqu' identique. Ce sont plus de
50 o/o (1. 1, 2, 6, 7, 11, 14, 16, 19, 20, 21, 22, 23, 24,
25, 26, 27, 28, 32, 34 et 37), c'est-à-dire, dans plus de la
moitié des exemples, il y a une convergence presque complète.
2.1 Abstraction faite du Le et du Li, aux cas concrets ou
aux postpositions du F et de l'E correspondent des prépositions dans les autres langues en question. Parmi les exemples
lettons on trouve 7 pour l'usage du locatif, c'est-à-dire
d'un cas concret, au sens de l'inessif (1. 11, 17, 22), de
l'adessif (1. 24, 28) et de l'illatif (1. 9, 21) ainsi qu'un
seul pour l'usage d'une postposition (1.35), parmi les
exemples lithuaniens, il y a 4 pour l'usage du locatif au
sens de l'inessif (1. 11, 17, 22) et de l'adessif (1.28).
2.11 En F et en E on trouve quelquefois l'usage de l'allatif
au lieu de l'illatif (1. 1, 9, 36), de l'adessif au lieu de
l'inessif (1.11) et de l'ablatif au lieu de l'abessif (1. 12,
15, 18). L'usage de l'allatif, de l'adessif et de l'ablatif
semble être plus fréquent en E qu'en F.
2.2 On constate des différences essentielles dans les cas
suivants:
2.21 Dans 1.3 le Li, le R et le P avec "ant, na" ("sur")
s'opposent au Le avec "pie" ("à") et au F avec l'inessif. L'E
avec "(ukse) peal" ("sur") et "uksel" (adessif) s'associe aux
Li, R et P aussi bien qu'au Le et va aussi avec l'Allemand où

les prépositions "auf" et "an" sont possibles toutes les
deux dans ce cas.

2.22 Dans 1.4 le F, l'E, le R et le P avec l'élatif ou "iz,
z" ("de") s'opposent au Le et au Li avec "pa" et "pro" ("par").
Ici la personne qui regarde se trouve à l'intérieur de la
maison et le sujet parlant la voit de dehors. Dans 1.8 la
personne qui regarde se trouve en dehors de la maison et
regarde par la fenêtre ce qui se passe au dedans. Dans ce
cas, le F et l'E montrent à côté de l'élatif des variantes
avec des prépositions signifiant "par" ("läpi, läbi") ce qui
correspond au Le et au Li ("pa, pro") et au R et au P ("čerez,
przez"). Dans 1.13 où la situation est la même que dans 1.4
l'E montre à côté de l'élatif une autre préposition signifiant aussi "par" ("kaudu") tandis que le P a la même préposition que dans 1.8 ("przez"). Le Le et le Li ont dans tous
les trois cas des prépositions signifiant "par" ("pa, pro"),
nivelant ainsi la différence entre les différentes positions
du sujet parlant. Les variantes correspondantes en E et en P
montrent qu'il y a dans ces langues une tendance pareille.
Quand il s'agit de la porte, les langues en question se
comportent différemment. /V. 2.27/.

2.23 Dans 1.5 et 1.14 le Le et le P semblent préférer un
verbe composé ("apiet, obejść") accompagné d'un adverbe ("no
otras puses, dookoła"). Dans 1.20 ce sont le Li et le R qui
montrent l'usage d'un verbe composé + accusatif et dans 1.29
ce sont le Le et le Li qui emploient un verbe composé +
accusatif sans adverbe.

2.24 Dans 1.9 et 1.21 le P ne connaît que la préposition "do"
qui réunit les significations "dans, à l'intérieur de" et
"jusqu'à", ainsi, en général, il ne distingue pas entre les
situations dans 1.1 et 1.9, 21.

2.25 Dans 1.11 le R et dans 1.29 le R et le P semblent éviter
l'usage d'un adverbe "(en) dedans" et préférer l'expression
"dans la chambre" ("v komnate, v komnatu, do pokoju").

2.26 Dans 1.12 le F, l'E et le R avec l'élatif, l'ablatif et
la préposition "iz-za" ("de") s'opposent au Le, au Li et au
P avec "starp, tarp/pro, między" ("parmi").

2.27 Dans 1.15 le F et l'E avec l'élatif et l'ablatif

s'opposent au Le, au Li et au P avec "pa, pro, przez" ("par")
ainsi qu'au R avec "v + acc." ("dans, à"), tandis que dans
1.18 ("sortir par la porte") toutes les langues en question
emploient les mêmes moyens d'expression (l'élatif, l'ablatif,
"no ... ārā, iš, iz, z" = "de"). Cela veut dire que le F et
l'E ne distinguent pas entre ces deux actions différentes
comme le font les autres langues qui dans le premier cas
(1.15) décrivent l'action du point de vue de la personne qui
se trouve dans la maison, tandis que dans le second cas (1.18)
elles la décrivent du point de vue d'une personne qui se
trouve à l'extérieur de la maison et qui observe une autre
personne qui sort de la maison. V. aussi 2.22.
2.28 Dans 1.17 le Le, le Li, le R et le P avec l'inessif ou
"v, w + loc." s'opposent au F et à l'E avec l'adessif. L'E
montre en outre une variante avec l'inessif de sorte qu'il
appartient à tous les deux groupes. Quant à l'expression
morphologique, le Le et le Li vont avec le F et l'E. V. aussi
2.1.
2.29 Dans 1.24 il y a une convergence remarquable entre une
variante finnoise ("seinastulla") et le Le ("sienmalē") qui
tous les deux emploient l'inessif d'un mot signifiant "l'espace
auprès d'un mur". Les autres langues emploient des prépositions ou des postpositions au sens d'"auprès", le P se mettant
à part avec la préposition "pod" ("sous").
2.30 Dans 1.26 le R s'éloigne de toutes les autres langues en
question avec "na" ("sur") au lieu du terminatif ou de
"jusqu'à" des autres langues.
2.31 Dans 1.31 la plupart des langues en question emploient
l'allatif ou les prépositions correspondantes. Le Le et une
variante estonienne préfèrent ici le terminatif, tandis que
le Li se met à part avec i + acc., ce qui correspond à
l'illatif.
2.32 Dans 1.33 les exemples cités montrent que dans toutes
les langues en question l'idée de "s'asseoir pour manger" est
liée à celle de "s'asseoir à la table". Le F et l'E emploient
l'illatif auquel s'associe partiellement le P avec "do + gén.".
Le Le, le Li et une variante russe présentent des prépositions
avec une signification correspondante à l'allatif, et une

autre variante russe se met à part avec l'usage de la préposition "za" ("derrière"). Dans 1.36 où il ne s'agit que du sens concret "s'asseoir à la table" (sans la connotation "pour manger"), seulement le P et une variante estonienne présentent une expression différente ("przy stole, laua äärde").

3.0 Quelles sont les conclusions que l'on peut tirer des matériaux présentés et de leur analyse? Il est évident qu'ils ne témoignent que de l'état des langues littéraires en question, car le texte traduit dans ces langues est d'une qualité au moins quasi-littéraire et les traductions tâchent de la réproduire. D'un point de vue primitif des relations spatiales de la maison et de son entourage il y a dans le texte sans doute des situations artificielles comme par example plus haut sous 1.25 ou 1.28. "Audevant la table" (1.25) et "au côté droit de la table" (1.28) sont des localisations trop précises et qui reflètent plutôt une mentalité moderne. Il n'est pas étonnant que ces expressions sont rendues dans toutes les langues en question par des formes analogues. Mais ce n'est pas seulement dans les cas cités qu'on doit s'attendre à être en présence des données modernes et qui ne démontrent que les langues en question appartiennent maintenant au moins partiellement à une aire linguistique plus large, c'est-à-dire à l'aire linguistique européenne qui s'est superimposée depuis des siècles sur d'autres aires plus anciennes. C'est ainsi qu'à présent dans les structures des langues littéraires on ne peut plus qu'entrevoir les contours des groupements plus anciens et c'est à des données historiquement plus reculées ou à des données dialectiques qu'on doit s'adresser pour obtenir un tableau plus distinct.
3.01 Il y a pourtant parmi nos exemples aussi quelques-uns qui ont l'air très archaïque. C'est surtout l'exemple cité plus haut sous 1.33 et discuté sous 2.32. L'usage de l'inessif en F et en E et celui de "za" ("derrière") en R font une impression plus archaïque que ne le fait l'usage de la préposition "à" en Le et en Li qui se trouve aussi dans une variante russe de la langue littéraire élevée et qui est

commun aussi dans beaucoup d'autres langues européennes
(comparez l'allemand "an", l'anglais "at" etc.). Il est pro-
bable que dans une société primitive l'idée de "s'asseoir à
la table" était toujours liée à celle de "s'asseoir pour
manger" de sorte que la différentiation entre "s'asseoir à la
table pour manger" et "s'asseoir à la table" sans la connotation "pour manger" qu'on trouve en P et dans une variante
estonienne (1.33; 1.36, v. aussi 2.32) qui sont peut-être
influencés par l'Allemand ("an") semble être plus récente.
Dans les cas discutés plus haut sous 2.22 la différentiation
du F, de l'E, du R et du P entre les situations exprimées dans
1.4 (= 1.13) et 1.8 semble au contraire être plus archaïque
que l'usage des mêmes prépositions ("pa, pro") dans toutes
les deux situations en Le et en Li. Ici le Le et le Li forment
un groupe à part et s'opposent aussi à d'autres langues
européennes comme par exemple à l'Allemand.
3.1 Les exemples cités plus haut (1.1 - 38) et leur discussion
(2.0 - 32) ne permettent guère d'établir des sous-groupes
dans notre aire linguistique. Il est vrai que le Le et le Li
d'un côté et le P de l'autre côté semblent se mettre à part
dans quelques cas (v. 3.01, 3.1 plus bas et pour le P surtout
2.24 et 32), mais ces exemples ne suffisent certainement pas
à établir un sous-groupe pour le Le et le Li ou à exclure le
P de notre aire. Les observations faites plus haut sous 2.11
semblent insinuer que le Le et dans une moindre mesure le Li
forment une sorte de sous-groupe avec le F et l'E, car le Le
et le Li possèdent des cas concrets pour exprimer l'inessif
et l'illatif[4]. Il est vraisemblable que c'était le cas dans
le passé, car dans les textes anciens lithuaniens ainsi que
dans les dialectes on trouve à côté des formes de l'inessif et
de l'illatif encore des formes de l'adessif et de l'allatif.
Toutes ces formes de cas concrets sont évidemment faites à
l'analogie des formes correspondantes en F et en E, c'est-à-
dire à l'aide d'une forme casuelle + une postposition qui au
cours du temps sont devenues une terminaison casuelle simple.
Cela veut dire que les liens entre le Le, le Li et les langues
finno-ougriennes ont dû être très étroits dans un passé reculé[5]. Le fait que le Li a renoncé à l'usage de l'illatif, de

l'allatif et de l'adessif montre que dans cette langue il y a
eu une tendance de s'éloigner des langues finno-ougriennes.
Le Le a conservé l'inessif et l'illatif réunis dans une seule
forme, mais n'emploie plus ni l'allatif ni l'adessif. Parmi
nos exemples il n'y a que deux qui témoignent d'une convergence du Le et du F ou de l'E (2. 29, 31), tandis que dans
bien d'autres cas le Le et le Li vont avec le R et/ou le P et
s'opposent au F et à l'E (2. 21, 23, 26, 27, 28, 32). Dans un
seul cas (2.22), le Le et le Li s'opposent à toutes les
autres langues en question formant un groupe à part, ce qui
correspond aux faits historiques d'un temps encore plus
reculé que celui où ils se sont rapprochées des langues
finno-ougriennes.

3.2 Il n'est pas étonnant qu'en s'appuyant sur un nombre
restreint d'exemples tirés d'un texte littéraire on ne par-
vienne pas ni à vérifier l'hypothèse d'une aire linguistique
de la Baltique du Nord-Est comprenant le Finnois, l'Estonien,
le Letton, le Lithuanien, le Russe et le Polonais ni à
établir des sous-groupes dans une telle aire. Pour cela le
nombre des convergences et celui des "isoglosses" est trop
petit et le hazard ou des inexactitudes dans les traductions
peuvent éventuellement falsifier les résultats. Tout de même
la synopse des exemples et leur discussion ont été bien
utiles en ce qu'elles ont indiqué les routes qu'il faut
suivre dans des recherches futures. De telles recherches
devraient s'efforcer à définir des situations primitives en
ce qui concerne les relations spatiales liées avec la maison
et son entourage et à étudier leur expression linguistique
dans des textes anciens et surtout dans des textes dialectaux
des langues en question. C'est ainsi que les conclusions plus
ou moins vagues qu'on a pu tirer des matériaux linguistiques
présentées dans cette étude pourraient être vérifiées et
corroborées ou modifiées.

N o t e s

1) Puisque ma connaissance du lapon ne suffit pas pour être
   en état de comparer l'usage des cas concrets et des post-

positions en lapon à celui dans les autres langues en
question, les résultats d'une telle comparaison faite en
collaboration avec un expert du lapon seront publiés dans
un article à part.

2) Pour le Finnois j'avais à ma disposition trois traductions
différentes, pour l'Estonien et le Lithuanien j'en avais
deux. Pour les autres langues les traducteurs ont donné
deux ou trois variantes dans quelques cas. C'est ce qui
explique le fait que quelquefois il y a deux ou même trois
variantes pour une seule phrase.

3) Ici les traducteurs finnois et lithuaniens ont fourni une
traduction libre: "le chemin à la petite maison" au lieu
de "jusqu'à la petite maison".

4) Le Le n'a qu'une seule forme, le locatif, qui réunit en
soi les significations de l'inessif et de l'illatif,
tandis que le Li distingue deux formes différentes.
Puisque dans la langue littéraire lithuanienne on
n'emploie que le locatif qui a le sens de l'inessif, on ne
trouve pas dans la traduction lithuanienne de notre texte
l'illatif, l'usage duquel est restreint aux dialectes.
Dans la langue littéraire il est remplacé par į + acc.
(Des exemples v. plus haut sous 1. 9, 21, 31, 38).

5) V. mon article "Entwicklungstendenzen des litauischen
Nominalsystems" dans: Ost und West, Band 2, Aufsätze zur
slavischen und baltischen Philologie und allgemeinen
Sprachwissenschaft, hrsg. von A. Rammelmeyer und G. Giese-
mann (Frankfurter Abhandlungen zur Slavistik, Band 24),
S. 42 - 68.

ULRICH OBST

CONTRIBUTION A L'ETUDE DE LA MANIFESTATION LINGUISTIQUE DE LA RELATIVITE DES RELATIONS SPATIALES

―――――

1 INTRODUCTION

L'espace qui nous entoure est plein d'objets concrets. Ces objets sont eux-mêmes d'une très grande diversité, mais cependant,
ils ont une chose en commun: à chaque moment donné, ils sont en
telle ou telle relation spatiale les uns avec les autres, et on
peut dire que l'expression "être en relation spatiale" signifie
tout simplement que les objets concrets "forment telle ou telle
constellation dans l'espace" à un moment donné. On peut donc
dire qu'il y a toujours "relation" entre les objets dans l'espace, mais on ne peut pas dire également qu'il y a toujours de
la "relativité" entre ces objets: par opposition à "relation",
le terme "relativité" est plus spécifique: il contient un élément sémantique particulier: en parlant de "relativité" dans
l'espace, on veut toujours indiquer qu'il y a au moins deux
possibilités de décrire une constellation spatiale de deux ou
de plusieurs objets. Tandis que le terme "relation" renvoie à
une constellation spatiale d'objets concrets en tant que telle,
celui de "relativité" se rapporte toujours à une faculté psy-
chique ou cognitive du sujet parlant, à savoir à la faculté de
décrire une constellation spatiale ou de la manière A ou de la
manière B (et éventuellement de la manière C, D etc.).
Afin que cette pensée ne reste pas trop théorique et trop ab-
straite, je voudrais l'illustrer par un exemple concret: sup-
posons que je me trouve dans le vestibule de ma maison et que
j'entende soudain dehors les pas d'un homme s'approchant de la

porte de ma maison. Comment pourrais-je décrire cette situation?

Si je veux localiser le bruit des pas par rapport à la porte, j'ai, du moins en allemand, deux possibilités de m'exprimer: je peux employer ou la préposition "vor + dat." (devant) ou la préposition "hinter + dat." (derrière):

(1) Plötzlich hörte ich draussen {1. vor / 2. hinter} der Tür Schritte.

    Soudain j'entendis des pas dehors {1. devant / 2. derrière} la porte.

Les chiffres "1." et "2." indiquent une hiérarchie entre ces deux possibilités, la première étant plus courante que la deuxième. A ce propos, il n'est pas sans intérêt de citer un exemple qui montre clairement la priorité de la préposition "vor + dat.": En 1947, l'écrivain allemand Wolfgang B o r c h e r t a publié un drame qu'il a nommé "Draussen vor der Tür" (dehors devant la porte); bien que l'on puisse dire dans la langue quotidienne également "Draussen hinter der Tür" (dehors derrière la porte), je suis sûr que presque tous les sujets parlants de langue maternelle allemande rejetteraient cette deuxième version comme titre d'un drame qui traite de choses assez sérieuses, comme c'est le cas du drame mentionné. La première version est un meilleur style, sans aucun doute.

Mais je ne veux pas me perdre dans des questions d'ordre stylistique ici, je voudrais plutôt retourner aux questions linguistiques systématiques. On peut poser la question: "D'où vient, dans notre exemple, ce double choix de prépositions, choix si paradoxal du premier coup d'oeil, puisque, normalement, ces deux prépositions ont un sens contraire?"

Pour aborder cette question systématiquement, il faut partir du fait que l'homme, en tant que sujet parlant et, surtout, en tant que sujet pensant, a souvent plusieures possibilités de regarder telle ou telle chose, telle ou telle situation etc. En l'occurence, la source de la relativité réside dans la liberté du sujet parlant de choisir ou sa propre position dans le vestibule ou la porte elle-même comme point de départ: dans le cas premier on obtiendra la préposition "hinter + dat." (derrière), dans le cas deuxième la préposition "vor + dat." (devant). * (v. la note à la fin de l'article).

Pour éclairer la sémantique et l'emploi des prépositions "vor +

dat." et "hinter + dat." le mieux possible, je propose une sé-
rie de variations systématiques; un des buts principaux de ces
variations sera de trouver une réponse à la question: "Dans
quels cas les prépositions données sont-elles contraires et
dans quels cas l'opposition entre elles est-elle neutralisée?"

2 RECHERCHE DETAILLEE DE RELATIONS SPATIALES STATIQUES AVEC "VOR + DAT." (DEVANT) ET "HINTER + DAT." (DERRIERE) A L'AIDE DE VARIATIONS SYSTEMATIQUES

2.1 Les principes des variations systématiques appliquées dans l'étude présente

Les principes des variations systématiques appliquées dans l'é-
tude présente sont assez simples:
1. Comme matériel serviront en premier lieu des phrases dont la
structure est le moins complexe possible, c.-à-d. des phrases ne
contenant que deux objets spatiaux et un verbe dont le séman-
tisme suggère une relation spatiale statique. Pour faire mieux
ressortir, dans l'un ou l'autre cas, l'interprétation de la
construction prépositionnelle en question, des contextes spéci-
fiants seront ajoutés aux phrases concernées.
2. Les relations spatiales statiques seront réparties en trois
catégories principales qui seront nommées "constellation spatiale statique de base no. 1", "constellation ... de base no. 2"
et "constellation ... de base no. 3" ou brièvement "constellation de base no. 1" etc.
Le principe de la subdivision en est fourni tout simplement par
le caractère des objets spatiaux formant une constellation de
base; pour ne pas trop compliquer mon étude et pour ne pas trop
enfler son étendue, je me suis borné à deux espèces d'objets,
à savoir:
a) aux objets concrets, matériels, inanimés et ne connaissant
pas de subdivision distincte inhérente en "partie avant" ("façade") et "partie arrière" ("revers"); dans la suite, cette catégorie sera nommée tout simplement "objet";
b) aux personnes humaines, dont le trait caractéristique le plus
important pour l'étude présente est la subdivision incontestable
en "face" et "dos"; par la suite, cette catégorie sera nommée
tout simplement "personne".

Pour les trois combinaisons résultant de ces deux catégories
d'objets, le lecteur est renvoyé aux titres des trois sous-chapitres suivants.
3. Chacun des trois sous-chapitres suivants commence par une
phrase de structure identique, à savoir

            X steht vor Y   (X se trouve devant Y)

De cette structure seront dérivées trois phrases à l'aide de
deux opérations, exécutées mécaniquement et successivement,
c.-à-d. dans un ordre fixe, pour obtenir un résultat le plus ob-
jectif possible; voici les deux opérations et l'ordre de leur
application:
a) la préposition "vor + dat." sera échangée contre la préposition "hinter + dat.";
b) la préposition "vor + dat." sera transposée de Y à X;
c) la préposition "vor + dat." sera de nouveau échangée contre
la préposition "hinter + dat.".
On obtiendra donc les quatre structures suivantes:
(0.1)   X steht vor Y   (X se trouve devant Y)
(0.2)   X steht hinter Y   (X se trouve derrière Y)
(0.3)   Vor X steht Y   (Devant X se trouve Y)
(0.4)   Hinter X steht Y   (Derrière X se trouve Y)
Après ces opérations chaque phrase obtenue sera étudiée du point
de vue de son (ses) interprétation(s) sémantique(s). Puis, on es-
saiera d'établir des relations sémantiques et/ou pragmatiques entre les phrases obtenues, respectivement entre les interprétations différentes des phrases obtenues, et de spécifier ces relations.

2.2 La constellation de base no. 1: "objet 1/objet 2"

Soit la première phrase d'exemple:
(1.1) Ein Baum steht vor einer Mauer (Un arbre se trouve de-
                                      vant un mur)
En appliquant à (1.1) la première des deux opérations, on obtiendra:
(1.2) Ein Baum steht hinter einer Mauer (Un arbre se trouve der-
                                         rière un mur)
On voit que les deux états de choses décrits par (1.1) et (1.2)
sont c o n t r a i r e s l'un de l'autre.
En appliquant à (1.1) la deuxième opération, on obtiendra:

(1.3) Vor einem Baum steht eine Mauer (Devant un arbre se trouve
un mur)

L'état de choses décrit par cette phrase-ci est i d e n t i q u e
à celui décrit par (1.2) et c o n t r a i r e de celui décrit
par (1.1). Reste à appliquer la première opération à (1.3):

(1.4) Hinter einem Baum steht eine Mauer (Derrière un arbre se
trouve un mur)

L'état de choses décrit par par (1.4) est i d e n t i q u e à
celui décrit par (1.1) et c o n t r a i r e de celui décrit
par (1.3).

Les états de choses décrits par les phrases (1.1) à (1.4) sont
évidemment des relations, plus exactement: des relations spatiales statiques. Si nous avons affaire à deux relations, disons R
et R', et si pour tous les x et tous les y on peut dresser l'é-
quivalence Rxy = R'yx, nous pouvons dire que la relation R' est
c o n v e r s e à la relation R; c'est le cas avec notre phrase
(1.3) par rapport à (1.2) et avec notre phrase (1.4) par rapport
à (1.1); en outre, nous avons encore affaire à des phrases qui
sont, entre elles, contraires, à savoir: (1.1) par rapport à
(1.2), (1.3) par rapport à (1.1) et (1.3) par rapport à (1.4).

Pour rendre les relations entre les quatre phrases plus
claires encore, on peut avoir recours à ce que l'on appelle en
allemand "Wenn-dann-Beziehung" (relation si/donc); ainsi, la relation converse peut être formulée par une relation "si/donc"
positive, c.-à-d. pour les phrases (1.1) et (1.4):

(1.1)/ Wenn gilt: "Ein Baum steht vor einer Mauer", dann gilt
(1.4) auch: "Hinter einem Baum steht eine Mauer". (Si la phrase
       "Un arbre se trouve devant un mur" est vraie, la phrase
       "Derrière un arbre se trouve un mur" est logiquement vraie,
       elle aussi.)

Et pour les phrases (1.2) et (1.3):

(1.2)/ Wenn gilt: "Ein Baum steht hinter einer Mauer", dann
(1.3) gilt auch: "Vor einem Baum steht eine Mauer". (Si la
       phrase "Un arbre se trouve derrière un mur" est vraie,
       la phrase "Devant un arbre se trouve un mur" est lo-
       giquement vraie, elle aussi.)

De la même façon, la relation contraire peut être formulée par
une relation "si/donc" négative; pour les phrases (1.1) et (1.2)
on obtiendra:

(1.1)/ Wenn gilt: "Ein Baum steht vor einer Mauer", dann gilt
(1.2) nicht: "Ein Baum steht hinter einer Mauer". (Si la
       phrase "Un arbre se trouve devant un mur" est vraie, la
       phrase "Un arbre se trouve derrière un mur" est logique-
       ment fausse.)

Et pour les phrases (1.3) et (1.4):

(1.3)/ Wenn gilt: "Vor einem Baum steht eine Mauer", dann gilt
(1.4) nicht: "Hinter einem Baum steht eine Mauer". (Si la
       phrase "Devant un arbre se trouve un mur" est vraie, la
       phrase "Derrière un arbre se trouve un mur" est logique-
       ment fausse.)

On peut illustrer les relations converses et les relations contraires dans la figure suivante:

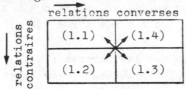

Dans cette figure on trouvera sur l'axe horizontal les deux relations converses et sur l'axe vertical les deux relations contraires; en outre, on peut encore étudier les relations sur les
deux diagonales: ce sont, elles aussi, des relations contraires.

   L'application mécanique et conséquente des deux opérations
mentionnées dans le sous-chapitre (2.1) a démontré que dans la
constellation de base no. 1 la valeur sémantique de la préposition "vor + dat." est nettement contraire de la valeur sémantique de la préposition "hinter + dat.". On peut donc dire que
l'opposition entre les deux prépositions est complètement
s t a b l e , tant que les deux membres d'une relation spatiale
statique sont des objets concrets, matériels, inanimés et ne
connaissant pas de subdivision distincte inhérente en "façade"
et "revers".

2.3 La constellation de base no. 2: "objet/personne"

Pour illustrer la constellation de base no. 2, je me sers de la
phrase
(2.1) Paul steht vor einer Mauer (Paul se tient devant un mur)
En ce qui concerne la constellation de base no. 2, il sera d'un
grand intérêt de savoir, si l'on peut prédire pour une phrase
contenant une des deux prépositions en question, si la personne
mentionnée tourne à l'objet la face ou le dos.
Pour la phrase allemande (2.1) il faut répondre à cette question
négativement: la phrase peut signifier que Paul tourne au mur ou
la face ou le dos, c.-à-d. l'opposition entre "face" et "dos" est
neutralisée.

Examinons de ce point de vue les trois phrases dérivées de
(2.1) à l'aide de nos opérations déjà connues! Les phrases en
question seraient successivement:
(2.2) Paul steht hinter einer Mauer (Paul se tient derrière
un mur)
(2.3) Vor Paul steht eine Mauer (Devant Paul se trouve un mur)
(2.4) Hinter Paul steht eine Mauer (Derrière Paul se trouve
un mur) En prenant pour base ma propre intuition de la langue
allemande, je dirais que dans les phrases (2.3) et (2.4)
seulement on peut, avec une certitude plus ou moins grande,
exclure une double interprétation, c.-à-d. que dans (2.3) on
penserait plutôt que Paul tourne au mur la face et dans (2.4)
que Paul tourne au mur le dos. Quant à (2.2), je dirais que
cette phrase est un parallèle à (2.1), en ce qui concerne
l'ambiguïté en question: ni dans l'un, ni dans l'autre cas on
ne saurait prédire si Paul tourne au mur la face ou le dos,
c.-à-d. dans les deux phrases l'opposition entre "face" et
"dos" est neutralisée, tandis que dans (2.3) et (2.4) cette
opposition est plus ou moins stable.
Avant de procéder à la question déjà posée et étudiée dans le
sous-chapitre (2.2), c.-à-d. à la question de savoir ce qu'il
en est des relations contraires et des relations converses,
je voudrais illustrer ce qui vient d'être dit par quelques
exemples; si l'on ne peut pas prédire telle ou telle interprétation en s'en rapportant à la construction en question
seulement, tout revient au contexte et/ou à la situation,
afin qu'une construction devienne non-ambiguë. C'est pourquoi
je vais donner quelques exemples de contexte, où j'ai sou-
ligné la partie désambiguante; je commence par les contextes
qui causent l'interprétation de "personne/face" dans une
construction du type (2.1):

(2.1.1) Paul stand vor einer hohen Mauer und sah hinauf: er
überlegte, wie er sie am besten überwinden könnte
(Paul se tenait devant un haut mur et regardait vers
le haut: il se demandait, comment il pourrait passer
par-dessus le mur)

(2.1.2) Paul stand vor einer Mauer und betrachtete interessiert
die Wahlplakate, die seit einigen Tagen dort angebracht
waren (Paul se tenait devant un mur et regardait avec
intérêt les affiches électorales que l'on y avait
collées il y a quelques jours)

Pour l'interprétation "personne/dos" je donne les exemples
suivants:

(2.1.3) Schau mal, da drüben vor der Mauer steht Paul und
winkt uns zu (Regarde, là-bas devant le mur, c'est
Paul qui nous fait signe)

(2.1.4) Auf diesem Photo siehst du Paul, von dem ich dir schon
so viel erzählt habe: er steht vor einer Mauer und
lächelt in die Kamera (Sur cette photo, tu vois Paul,
dont je t'ai déjà tant parlé: il se tient devant un
mur et sourit à la caméra)

Examinons maintenant la question de savoir quels rapports on
peut établir entre les phrases (2.1), (2.2), (2.3) et (2.4)
elles-mêmes, c.-à-d. la question de savoir, s'il y a également
des relations contraires et des relations converses pour la
constellation de base no. 2. Parce qu'il y a, en ce qui concerne l'interprétation sémantique, une différence profonde
entre les phrases (1.1) et (1.2) d'une part et les phrases
(2.1) et (2.2) d'autre part, on peut prédire déjà à ce stade
de l'analyse que les relations entre (2.1), (2.2), (2.3) et
(2.4) ne seront pas complètement les mêmes que les relations
entre (1.1), (1.2), (1.3) et (1.4); faisons-en l'examen
détaillé et concret en commançant par les relations entre
(2.1) et (2.2); comme dans le sous-chapitre (2.2), je me sers
de la relation "si/donc":

(2.1)/ Wenn gilt: "Paul steht vor einer Mauer", dann kann
(2.2) auch, muss aber nicht unbedingt gelten: "Paul steht
       hinter einer Mauer" (Si la phrase "Paul se tient devant
       un mur" est vraie, la phrase "Paul se tient derrière un
       mur" peut être logiquement vraie, elle aussi, mais non
       nécessairement)

Quant à la relation entre (2.1) et (2.3), on verra tout de
suite qu'il n'est pas possible de regarder cette relation
isolément; il faut en même temps inclure (2.4):

(2.1)/ Wenn gilt: "Paul steht vor einer Mauer", dann muss auch
(2.3)/ gelten: entweder: "Vor Paul steht eine Mauer" oder:
(2.4) "Hinter Paul steht eine Mauer" (Si la phrase "Paul se
       tient devant un mur" est vraie, doivent être logiquement
       vraies aussi: ou la phrase "Devant Paul se trouve un
       mur" ou la phrase "Derrière Paul se trouve un mur")

On procédera de la même façon quant aux relations entre (2.2),
(2.3) et (2.4):

(2.2)/ Wenn gilt: "Paul steht hinter einer Mauer", dann muss
(2.3)/ auch gelten: entweder: "Vor Paul steht eine Mauer" oder
(2.4) "Hinter Paul steht eine Mauer" (Si la phrase "Paul se
       tient derrière un mur" est vraie, doivent être

> logiquement vraies aussi: ou la phrase "Devant Paul se
> trouve un mur" ou la phrase "Derrière Paul se trouve un
> mur")

Pour compléter notre analyse, examinons encore la relation entre
(2.3) et (2.4):

(2.3)/ Wenn gilt: "Vor Paul steht eine Mauer", dann gilt nicht:
(2.4) "Hinter Paul steht eine Mauer" (Si la phrase "Devant
       Paul se trouve un mur" est vraie, la phrase "Derrière
       Paul se trouve un mur" est logiquement fausse)

Quelles conséquences peut-on déduire de cette analyse quant aux
relations contraires et converses?

On ne peut qu'arriver à la conclusion qu'il n'y a qu'un seul cas,
où la relation entre deux phrases est nettement déterminable, à
savoir dans le quatrième cas: les phrases (2.3) et (2.4) seulement forment une nette relation contraire; sans aucun doute,
l'opposition entre ces deux phrases est stable, parce que
toutes les deux sont non-ambiguës.

Dès qu'une des phrases mises en relation est ambiguë, la non-
ambiguïté d'une relation contraire et également d'une relation
converse s'efface: dans ce cas, il faut distinguer deux possibilités: ou toutes les deux phrases mises en relation sont ambi-
guës ((2.1)/(2.2)) ou une phrase seulement est ambiguë ((2.1)/
(2.3)/(2.4) et (2.2)/(2.3)/(2.4)).

Est-ce qu'on peut, dans ces cas aussi, déterminer le caractère
de la relation d'une manière plus précise?

Comme on voit, la relation entre (2.1) et (2.2) est telle que
la conséquence de (2.1) est ou (2.2) ou non; dans ce dernier
cas, la conséquence de (2.1) est (2.1), c.-à-d. nous avons ici
affaire à une proposition tautologique. Si la conséquence de
(2.1) est (2.2), (2.1) elle-même n'est pas du tout exclue, car
dans ce cas, il y a deux interprétations qui résultent de ce
que le sujet parlant peut choisir entre deux points de vue ou
plus exactement encore: entre deux points de départ différents;
ici, nous avons affaire à un cas très net de r e l a t i v i-
t é; pour une analyse plus détaillée je renvoie le lecteur au
chapitre (3.2).

Je voudrais donc proposer de caractériser la relation entre
(2.1) et (2.2) comme "s e m i - c o n t r a i r e   e t   s e m i -
i d e n t i q u e".

Si nous considérons les relations entre (2.1), (2.3) et (2.4)

ainsi qu'entre (2.2), (2.3) et (2.4), nous sommes confrontés
au fait que de deux phrases différentes, à savoir (2.1) et
(2.2), on peut déduire les mêmes conséquences, à savoir à la
fois (2.3) et (2.4). Après ce qui vient d'être dit à propos de
la relation entre les phrases (2.1) et (2.2), cela n'est pas du
tout étonnant, car ces deux phrases différentes ne le sont que
du premier coup d'oeil: parce qu'elles sont en relation semi-
contraire et semi-identique l'une avec l'autre. il n'est que
logique que les conséquences qu'on peut en déduire contiennent,
elles aussi, un élément contraire et à la fois un élément identique: l'élément identique, c'est qu'on peut déduire de (2.1)
ainsi que de (2.2) le même ensemble de phrases, l'élément contraire, c'est que cet ensemble est constitué de deux phrases
nettement contraires l'une de l'autre. Je proposerais de qua-
lifier une relation comme celle entre (2.1), (2.3) et (2.4)
ainsi que celle entre (2.2), (2.3) et (2.4) de "r e l a t i o n
à   c o n v e r s i t é   f e n d u e", où on peut dire, en ajoutant, que la conversité fendue implique l'élément de contrari-
été.

2.4 La constellation de base no. 3: "personne 1/personne 2"
Pour illustrer la constellation de base no. 3, je me sers de
la phrase
(3.1) Paul steht vor Karl (Paul se tient devant Charles)
Après avoir appliqué les mêmes opérations que dans les deux
sous-chapitres précédents, nous obtiendrons:
(3.2) Paul steht hinter Karl (Paul se tient derrière Charles)
(3.3) Vor Paul steht Karl (Devant Paul se tient Charles)
(3.4) Hinter Paul steht Karl (Derrière Paul se tient Charles)
Avant d'étudier les relations entre ces quatre phrases en dé-
tail, comme nous l'avons fait pour les constellations de base
no. 1 et 2, il faut faire remarquer en général que dans le cas
présent les relations spatiales entre les deux objets spatiaux
sont encore plus compliquées que dans la constellation de base
no. 2, ce qui est dû au fait que dans la constellation de base
no. 3 nous avons affaire à deux personnes; cela veut dire
qu'il y a pour chaque phrase - du moins théoriquement - quatre
interprétations possibles au lieu de deux, à savoir:

1. "personne 1/face / personne 2/face"
   c.-à-d.: personne 1 tourne la face à personne 2 et personne
   2 tourne la face à personne 1;
2. "personne 1/face / personne 2/dos"
   c.-à-d.: personne 1 tourne la face à personne 2 et personne
   2 tourne le dos à personne 1;
3. "personne 1/dos / personne 2/face"
   c.-à-d.: personne 1 tourne le dos à personne 2 et personne
   2 tourne la face à personne 1;
4. "personne 1/dos / personne 2/dos"
   c.-à-d.: personne 1 tourne le dos à personne 2 et personne
   2 tourne le dos à personne 1.

Ces quatre variations établies, on peut procéder à l'analyse
des phrases (3.1) à (3.4) dans leur forme la plus simple,
c.-à-d. sans contexte spécifiant, et on peut mettre ces quatre
phrases en rapport avec les quatre variations ci-haut.

Si je dis

(3.1) Paul steht vor Karl (Paul se tient devant Charles)

et si Paul est "personne 1" et Charles "personne 2", la phrase
(3.1) peut désigner les variations 1 et 3, ce que j'esquisse de
la manière suivante (la flèche indique la direction du regard):

variation 1:   Paul   Charles   variation 3:   Paul   Charles

Les variations 2 et 4 ne peuvent pas être rendues à l'aide de
(3.1), et la variation 4 pas non plus à l'aide de (3.2), (3.3)
ni à l'aide de (3.4); la seule possibilité de la rendre en allemand, c'est:

(3.5) Paul und Karl stehen Rücken an Rücken (Paul et Charles
                                             sont dos à dos)

C'est pourquoi on peut laisser tomber la variation 4 pour l'analyse ultérieure.

Regardons maintenant la phrase (3.2):

(3.2) Paul steht hinter Karl (Paul se tient derrière Charles)

Cette phrase ne correspond qu'à la variation 2, ce qu'on peut
esquisser de la manière suivante:

variation 2:   Paul   Charles

Quant aux phrases (3.3) et (3.4) et à leurs rapports avec les
quatre variations, respectivement avec les trois variations
restantes, il y a les correspondances suivantes:

La phrase

(3.3) Vor Paul steht Karl (Devant Paul se tient Charles)

a les interprétations suivantes:

variation 1:   Paul   Charles   variation 2:   Paul   Charles

La phrase

(3.4) Hinter Paul steht Karl (Derrière Paul se tient Charles)

n'a que l'interprétation au sens de la

variation 3:   Paul   Charles

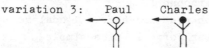

Maintenant, nous pouvons établir les relations entre les phrases elles-mêmes; je commence par

(3.1)/ Wenn gilt: "Paul steht vor Karl", dann gilt nicht: "Paul
(3.2) steht hinter Karl" (Si la phrase "Paul se tient devant
       Charles" est vraie, la phrase "Paul se tient derrière
       Charles" est logiquement fausse)

(3.1) et (3.2) se trouvent donc clairement en relation contraire.

Si nous procédons à la comparaison de (3.1) et (3.3), nous sommes confrontés au même phénomène que nous avons connu en contrastant (2.1) et (2.3), c.-à-d. nous devons en même temps inclure (3.4):

(3.1)/ Wenn gilt: "Paul steht vor Karl", dann muss auch gelten:
(3.3)/ entweder: "Vor Paul steht Karl" oder "Hinter Paul steht
(3.4) Karl" (Si la phrase "Paul se tient devant Charles" est
       vraie, doivent être logiquement vraies aussi: ou la
       phrase "Devant Paul se tient Charles" ou la phrase "Der-
       rière Paul se tient Charles")

Les phrases (3.1), (3.3) et (3.4), elles aussi, se trouvent donc en relation à conversité fendue.

Mais il n'en est pas du tout ainsi, en ce qui concerne les re-lations entre (3.2), (3.3) et (3.4): ici, il y a une claire dif-férence à (2.2), (2.3) et (2.4): tandis qu'il nous fallait con-sidérer ces trois dernières phrases comme un ensemble, nous de-vons bien séparer (3.3) et (3.4) en les contrastant à (3.2):

(3.2)/ Wenn gilt: "Paul steht hinter Karl", dann gilt auch: "Vor
(3.3) Paul steht Karl" (Si la phrase "Paul se tient derrière
       Charles" est vraie, la phrase "Devant Paul se tient
       Charles" est logiquement vraie, elle aussi)

(3.2)/ Wenn gilt: "Paul steht hinter Karl", dann gilt nicht:
(3.4) "Hinter Paul steht Karl" (Si la phrase "Paul se tient
       derrière Charles" est vraie, la phrase "Derrière Paul
       se tient Charles" est logiquement fausse)

Tandis que (2.2), (2.3) et (2.4) se trouvent dans la même rela-

tion que (2.1), (2.3) et (2.4), il en est autrement avec la
constellation de base no. 3: ici, (3.2) et (3.3) se trouvent
pleinement en relation converse et (3.2) et (3.4) pleinement
en relation contraire. Pour une discussion plus détaillée des
différences entre les constellations de base no. 2 et no. 3,
je peux renvoyer le lecteur au sous-chapitre (3.2).
Pour terminer le sous-chapitre présent, il ne nous reste qu'à
analyser la relation entre (3.3) et (3.4):

(3.3)/ Wenn gilt: "Vor Paul steht Karl", dann gilt nicht:
(3.4)   "Hinter Paul steht Karl" (Si la phrase "Devant Paul se
        tient Charles" est vraie, la phrase "Derrière Paul se
        tient Charles" est logiquement fausse.)

Les phrases (3.3) et (3.4), elles aussi, se trouvent donc
clairement en relation contraire.

3 L'IMPORTANCE DU NOMBRE ET DU TYPE DES OBJETS SPATIAUX POUR LA RELATIVITE D'EXPRESSIONS LINGUISTIQUES SPATIALES

Dans le chapitre présent je voudrais essayer de déduire de
notre analyse exécutée dans le chapitre (2) quelques conséquences pour le problème qui est au centre de l'étude présente:
la relativité d'expressions linguistiques spatiales.
Le chapitre (2) a déjà démontré que la relativité d'expressions
linguistiques spatiales a quelque chose à voir avec le caractère catégoriel ou le type des objets formant une relation
spatiale statique: si tous les deux objets sont des objets au
sens propre de ce mot et ne connaissent pas de subdivision
distincte inhérente en "partie avant" et "partie arrière", il
n'y a pas de relativité spatiale. La relativité n'intervient
que si du moins un des objets formant une relation spatiale
statique est une personne. Mais cette condition, bien que
nécessaire, n'est pas encore suffisante: afin qu'on puisse
parler de "relativité", il faut que la relation spatiale
statique consiste au moins de t r o i s composantes; il
faut donc également découvrir toutes les composantes d'une
relation spatiale statique, ce qu'on ne peut faire qu'en
analysant chaque relation spatiale statique dans toute sa
complexité, c.-à-d. en y incluant toutes les composantes sous-
jacentes et, en outre, en étudiant l'influence éventuelle du
nombre des objets spatiaux sur le choix de la préposition du

côté de l'émetteur respectivement sur l'interprétation de la
préposition du côté du récepteur. C'est pourquoi je vais
m'occuper dans le sous-chapitre suivant d'une analyse de
l'acte de communication linguistique en dégageant toutes ses
composantes. Puis, je retournerai au problème du type des
objets spatiaux et de son influence sur le choix et l'interprétation de la préposition (v. (3.2)).

3.1 Le nombre des objets spatiaux formant une relation
    spatiale statique

Je voudrais aborder le problème du nombre des objets formant
une relation spatiale statique en me servant d'une phrase
qui ne contient que deux objets au sens propre de ce mot,
bien qu'une telle phrase ne connaisse pas de relativité. Mais
c'est précisément pour cette raison qu'on peut mieux découvrir
toutes les composantes participant à une relation spatiale
statique.
Si j'analyse la phrase allemande
(1.1) Ein Baum steht vor einer Mauer (Un arbre se trouve
                                      devant un mur)
je pourrais être tenté de croire qu'il n'y a que deux composantes qui participent à la relation spatiale, à savoir
l'arbre et le mur. Mais ainsi, il n'en est que du premier
coup d'oeil, car chaque acte de communication linguistique
n'a pas seulement une triple fonction (fonction symbolique,
fonction expressive symptomatique et fonction signalétique),
mais présuppose aussi trois éléments fondamentaux, comme
l'a démontré de la manière la plus claire le célèbre linguiste
Karl B ü h l e r ; pour rendre mes pensées plus
explicites, je voudrais réproduire ici un passage tiré du
livre "Essai sur l'organisation de l'espace par divers
systèmes linguistiques" d'Henri V e r n a y (München 1974):
"Le point de départ de Bühler, en ce domaine, est le Cratyle
de Platon selon qui l'acte de communication linguistique est
un ORGANON, afin que l'un communique avec l'autre au sujet
des 'choses et phénomènes'.

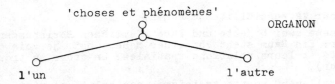

Suivons Bühler dans le développement de sa pensée. Dans tout acte de communication linguistique, nous avons affaire à deux systèmes psycho-physiques, a) et b), dont l'un, disons pour l'instant le système a), fonctionne en tant qu'émetteur et l'autre, le système b), en tant que récepteur." (V e r n a y 1974, p. 42)

Si l'on met ce passage en rapport avec notre phrase d'exemple (1.1), on peut dire que cette phrase représente un certain phénomène du monde extérieur ou, ce qui revient au même, qu'elle désigne un certain état de choses. Mais elle n'est significative que quand on la met en rapport avec les deux systèmes psycho-physiques ou, du moins, avec un d'entre eux, c.-à-d. avec l'émetteur et le récepteur à la fois, ou avec l'émetteur seulement ou avec le récepteur seulement; c'est pourquoi, en liaison avec la phrase (1.1), il faut distinguer trois cas fondamentaux, en ce qui concerne le nombre des objets formant une relation spatiale statique, à savoir une relation à quatre objets et deux relations à trois objets; si l'on symbolise "arbre" par "A", "mur" par "M", "émetteur" par "E" et "récepteur" par "R", on peut établir les formules suivantes: 1. A-M-R-E, 2. A-M-R et 3. A-M-E.

Pour rendre les situations dans lesquelles on peut énoncer (1.1) plus explicites, je propose d'ajouter à (1.1) des phrases additionnelles explicatives, à savoir:

pour la possibilité 1: A-M-R-E:

Du und ich sehen zwei Objekte und ihre räumlichen Beziehungen zueinander: Ein Baum steht vor einer Mauer (Toi et moi, nous voyons deux objets et leurs relations spatiales: Un arbre se trouve devant un mur)

pour la possibilité 2: A-M-R:

Du siehst zwei Objekte und ihre räumlichen Beziehungen zuein-ander: Ein Baum steht vor einer Mauer (Toi, tu vois deux objets et leurs relations spatiales: Un arbre se trouve devant un mur) et pour la possibilité 3: A-M-E:

Ich sehe zwei Objekte und ihre räumlichen Beziehungen zuein-
ander: Ein Baum steht vor einer Mauer (Moi, je vois deux
objets et leurs relations spatiales: Un arbre se trouve devant
un mur)

Naturellement, cette troisième possibilité n'existe que dans
le monologue intérieur, où l'émetteur et le récepteur d'un
acte de communication linguistique sont identiques.

Aux trois possibilités mentionnées on peut adjoindre les
croquis suivants:

possibilité 1:

Récepteur

Emetteur

possibilité 2:

E/R

Pour la possibilité 3 on peut se référer au même croquis que
pour la possibilité 2, il ne faut qu'échanger le mot de
"Récepteur" contre le mot de "Emetteur".

En ce qui concerne les positions respectives de l'émetteur
et du récepteur, elles sont, naturellement, variables, mais
jusqu'à un certain degré seulement; pour que la préposition
"vor + dat." reste significative et pour l'émetteur et pour
le récepteur, je dirais qu'il faut que tous les deux se
trouvent approximativement quelque part dans l'endroit
hachuré du croquis suivant (il s'agit ici d'une vue à vol
d'oiseau):

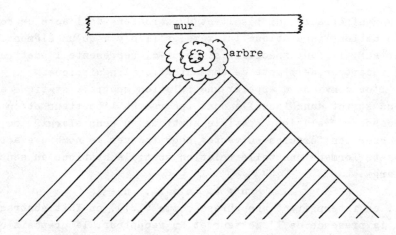

Naturellement, il serait très difficile d'indiquer les limites
exactes, où la préposition "vor + dat." perd sa valeur sémantique et où il faudrait employer d'autres prépositions, p. ex.
"neben + dat." (à côté de), "links von + dat." (à gauche de),
"rechts von + dat." (à droite de) etc. Cette question-ci, je la
laisse de côté, parce qu'elle n'est pas immédiatement impor-
tante pour l'étude présente.
En résumant l'argumentation de ce sous-chapitre (3.1), on peut
dire le suivant: même si l'on n'a affaire qu'à une phrase si
simple que
(1.1) Ein Baum steht vor einer Mauer (Un arbre se trouve devant un mur)
il faut s'attendre du moins à trois composantes formant une relation spatiale statique, sinon à quatre; si l'on convient
d'appeler une relation spatiale statique telle qu'exprimée par
(1.1) "relation spatiale statique au sens strict" et si l'on
fait encore une fois remarquer que tous les objets spatiaux
participant à une telle relation spatiale statique au sens
strict doivent porter les marques distinctives sémantiques
[+concret], [+matériel], [-animé] et [-connaissant de subdivision distincte inhérente en "partie avant" et "partie arrière"], on peut généraliser le résultat de notre analyse de la
manière suivante: à chaque phrase désignant une relation spatiale statique au sens strict et contenant des objets spatiaux
au nombre de "n" il faut ajouter ou un ou deux éléments spa-

tiaux ultérieurs qui résultent du caractère de l'acte de communication linguistique lui-même; s'il n'y a qu'un élément ul-
térieur, il faut spécifier si celui-ci représente l'émetteur ou
le récepteur de l'acte de communication linguistique.
Si l'on convient d'appeler une relation spatiale statique au
sens strict dans laquelle sont incorporés l'émetteur et/ou le
récepteur "relation spatiale statique au sens élargi", on peut
dresser les formules suivantes pour trouver le nombre exact des
objets formant une telle relation spatiale statique au sens
élargi:

$$n + 2, \quad n + 1_R, \quad n + 1_E$$

Si, en interprétant une phrase comme (1.1), on fait abstraction
de la présence de l'émetteur et du récepteur, la préposition
"vor + dat." (et, par analogie, la préposition "hinter + dat."
aussi, naturellement) perd toute sa signification; dans ce cas
on n'aurait affaire qu'à une relation spatiale au sens strict.
En ce qui concerne les prépositions exprimant une telle relation spatiale statique au sens strict, on peut nommer pour
l'allemand p. ex. les prépositions "bei + dat." (près de),
"an + dat." (à) et "in der Nähe + gén." (tout près de/proche de);
celles-ci sont significatives sans référence à la position d'un
émetteur ni d'un récepteur. Voyons dans le sous-chapitre suivant,
comment il en est de tout ce problème dans le domaine des deux
autres constellations de base.

3.2 Le type des objets spatiaux formant une relation spatiale statique

Tandis que pour la constellation de base no. 1 la présence - du
moins sous-entendue - d'un émetteur et/ou d'un récepteur est
toujours obligatoire, afin que les prépositions "vor + dat." et
"hinter + dat." soient significatives, il en est autrement avec
les constellations de base no. 2 et no. 3.
Regardons d'abord une phrase de la constellation de base no. 2,
à savoir
(2.1) Paul steht vor einer Mauer (Paul se tient devant un mur)
Cette phrase peut avoir trois interprétations différentes ou, ce
qui revient au même, elle peut désigner trois situations différentes, que je vais esquisser successivement:

Interprétation/situation 1:

Interprétation/situation 2:

Interprétation/situation 3:

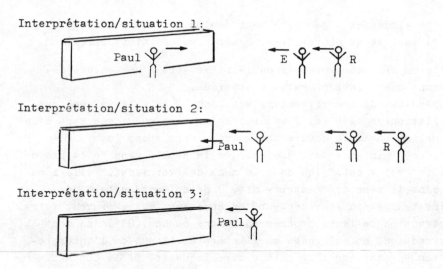

Comme on le voit facilement, seules deux de ces trois interprétations présupposent un émetteur et/ou un récepteur, à savoir
les interprétations 1 et 2; quant à l'interprétation 3, ni
émetteur ni récepteur ne sont nécessaires, du moins pas dans le
sens des deux autres interprétations; (cette réserve, il faut la
faire en tout cas, car en tant qu'acte de communication, l'interprétation 3 de (2.1), elle aussi, a besoin, naturellement,
d'un émetteur et/ou d'un récepteur). En ce qui concerne spéci-
alement la préposition "vor + dat." dans ce cas, elle ne devient
significative que quand l'émetteur et/ou le récepteur s'identi-
fient avec la personne mentionnée, c.-à-d. qu'ils se mettent en
pensée à la place de Paul; dans ce cas-ci, la préposition "vor +
dat." est automatiquement interprétée de façon que la personne
mentionnée tourne au mur la face et pas le dos.
On peut même pousser l'analyse de (2.1) plus loin, en ajoutant
aux trois interprétations une quatrième:
Interprétation/situation 4:

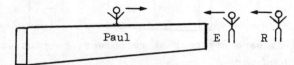

C'est cette interprétation-ci, que j'avais en vue en disant
dans le sous-chapitre (2.3) que l'on peut déduire de (2.1) ou
(2.1) elle-même (ce qui serait tautologique, bien sûr) ou (2.2),

car la situation 4 de (2.1) peut également être rendue par
(2.2) Paul steht hinter einer Mauer (Paul se tient derrière
                            un mur)
Voilà un exemple expressif de la relativité d'une phrase désignant une relation spatiale statique.
Le résultat de ces réflexions est donc le suivant: si une constellation de base no. 2 est réalisée comme esquissée dans l'interprétation 4, le double choix des prépositions (ou "vor +
dat." ou "hinter + dat.") ainsi que le double sens de la préposition "vor + dat." (ou dans le sens de "vor + dat." elle-même
ou dans le sens de "hinter + dat.") se doivent au fait que
l'émetteur et/ou le récepteur, en énonçant (2.1), peuvent faire
abstraction de leurs propres positions ou non. S'ils en font
abstraction, on obtiendra ou l'interprétation 3 ou l'interprétation 4 (sans que l'on puisse dire laquelle, si le contexte
n'est pas désambiguant). Quant à l'interprétation 2, elle se
distingue de l'interprétation 1 par un trait important: elle
est un mélange (ou un amalgame) de la présence de l'émetteur
et/ou du récepteur et de son (leur) identification avec la
personne mentionnée.
Analysons maintenant la phrase
(2.2) Paul steht hinter einer Mauer (Paul se tient derrière un
                            mur)
et ne perdons pas de vue le problème de la relativité, qui est,
comme nous venons de le voir, au fond un problème de la présence ou de l'absence d'un émetteur et/ou d'un récepteur respectivement un problème de la liberté de faire abstraction ou
non de sa propre position. Une interprétation possible de (2.2),
comme nous l'avons vu plus haut, est l'interprétation 4 de
(2.1); dans ce cas, il est indispensable d'y inclure la position de l'émetteur et/ou du récepteur, car une situation comme

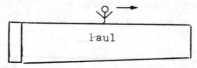

c.-à-d. sans émetteur ni récepteur, ne peut être rendue que par
(2.1) ou par
(2.3) Vor Paul steht eine Mauer (Devant Paul se trouve un mur)
mais jamais par (2.2) (ni par (2.4) non plus). Ici, nous avons

affaire à la situation 3, car peu importe, de quel côté du mur
la personne se tient, si l'émetteur ainsi que le récepteur
sont absents, respectivement s'ils font abstraction de leur
position.
L'autre interprétation possible de (2.2) peut être exemplifiée
par la
Situation 5:

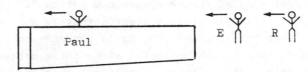

Si nous laissons de côté l'émetteur ainsi que le récepteur, si
nous avons, alors, affaire à la
Situation 6:

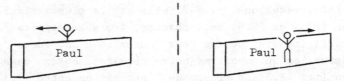

nous n'avons que la possibilité de verbaliser cette situation
par
(2.4) Hinter Paul steht eine Mauer (Derrière Paul se trouve
                                         un mur)
Dans ce cas aussi, l'émetteur et/ou le récepteur doivent
s'identifier avec la personne mentionnée, naturellement.
En résumant tout ce qui vient d'être dit dans ce sous-chapitre
(3.2), on peut dire que pour la constellation de base no. 2
il y a six situations différentes; pour désigner ces six
situations, nous n'avons que quatre phrases à notre disposition; donc, on pourrait de ce fait seul, c.-à-d. sans avoir
fait les analyses précédentes, prédire qu'il n'y a pas de
correspondance au sens de 1:1 entre les situations et les
phrases; dressons, donc, la liste exacte des correspondances:

Phrases   Situations
  (2.1) 1^{+dv}, 2^{+fv}, 3^{-f}, 4^{+fh}
  (2.2) 4^{+fh}, 5^{+dh}
  (2.3) 2^{+fv}, 3^{-f}, 4^{+fh}
  (2.4) 1^{+dv}, 5^{+dh}, 6^{-d}

Pour faire mieux ressortir la présence d'un émetteur et/ou
d'un récepteur ou l'absence de tous les deux, je me suis
servi des signes pour "plus" et "moins" respectivement comme
index des situations correspondantes; en outre, j'ai marqué
l'interprétation "personne/face" par l'index "f" et l'interprétation "personne/dos" par l'index "d"; afin que l'on puisse
enfin distinguer l'une de l'autre les situations 1 et 5 ainsi
que 2 et 4, j'ai encore ajouté une petite "v" (pour "vor +
dat."), si la personne se tient devant le mur, et une petite
"h" (pour "hinter + dat."), si la personne se tient derrière
le mur; pour les situations 3 et 6, cette marque n'est pas
nécessaire, naturellement, parce que dans ces situations
l'émetteur et le récepteur sont, tous les deux, absents.
Le plus grand nombre d'interprétations se trouve, sans aucun
doute, dans la phrase (2.1): cette phrase-ci n'a pas moins
de quatre interprétations, c.-à-d. elle est la plus ambiguë;
les phrases (2.3) et (2.4) ont, chacune, trois interprétations; ici, il importe que ces deux ensembles n'ont aucun
élément commun, ce qui confirme notre résultat, obtenu dans
le sous-chapitre (2.3), à propos de l'opposition entre (2.3)
et (2.4); la phrase (2.2), enfin, n'a que deux interprétations
qui ne se distinguent que par la direction du regard de la
personne mentionnée, ce qui veut dire que (2.2) est la phrase
la moins ambiguë.
Si nous partons des situations données et si nous nous de-
mandons, quelle situation peut être rendue par le plus grand
nombre de phrases, la réponse en est très claire: c'est la
situation 4: on peut dire que c'est cette situation, qui
contient le plus grand nombre de facteurs de relativité; c'est
pourquoi cette situation peut être rendue par trois phrases,
à savoir par (2.1), (2.2) et (2.3); les situations 1, 2, 3
et 5 peuvent être rendues par deux phrases chacune, et la
situation 6 seulement ne peut être rendue que par une seule
phrase.
Analysons maintenant les phrases de la constellation de base
no. 3! En général, on peut dire que pour cette constellation
de base le rôle de l'émetteur et/ou du récepteur est loin
d'être aussi important que pour les deux autres constellations

de base; comme les croquis dans le sous-chapitre (2.4) ont
démontré, une phrase comme
(3.1) Paul steht vor Karl (Paul se tient devant Charles)
peut désigner deux situations différentes; toutes les deux
sont complètement indépendantes de la position d'un éventuel
émetteur ou d'un éventuel récepteur.
S'il y a présence d'un émetteur et/ou d'un récepteur, on peut
symboliser leurs positions possibles par un cercle complet,
en y ajoutant qu'aucune position n'a d'influence sur l'interprétation de la préposition "vor + dat."; pour le croquis je
me sers de nouveau d'une vue à vol d'oiseau:

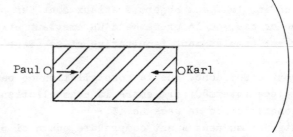

En réalité, naturellement, le diamètre du cercle peut être
aussi grand que le champ visuel de l'homme; le petit endroit
hachuré entre Paul et Charles, seulement, est "interdit" à
l'émetteur et au récepteur.
Il en est de même avec l'autre interprétation de (3.1) ainsi
qu'avec les autres trois phrases; c'est pourquoi il n'est pas
besoin de réproduire ici ces interprétations par vue à vol
d'oiseau.
En résumant les réflexions de ce sous-chapitre (3.2), on peut
dire que la présence ainsi que la position d'un émetteur
et/ou d'un récepteur deviennent plus importantes, plus il y a
des objets spatiaux qui ne connaissent pas de distinction
inhérente entre "partie avant" et "partie arrière": si les
deux objets spatiaux ne connaissent pas cette distinction,
la présence d'un émetteur et/ou d'un récepteur devient in-
dispensablement obligatoire, afin que les prépositions "vor +
dat." et "hinter + dat." deviennent significatives, et en
outre, la position de l'émetteur et/ou du récepteur doit être
bien déterminée.

Si un des deux objets spatiaux est une personne, il y a des
cas, où la présence et la position d'un émetteur et/ou d'un
récepteur ont une importance analogue à celle qui vaut pour la
constellation de base no. 1, à savoir les situations 1, 2, 4 et
5, et il y a des cas, où la présence d'un émetteur et/ou d'un
récepteur est complètement facultative, à savoir les situations
3 et 6; quant à la position d'un émetteur et/ou d'un récepteur,
ces situations sont analogues aux situations de la constellation de base no. 3, c.-à-d. une telle position est variable à
la mesure d'un cercle complet, à l'exception du petit endroit
hachuré dans le croquis respectif.
Si, enfin, les deux objets spatiaux sont des personnes, il n'y
a que de cas, où la présence d'un émetteur et/ou d'un récepteur est complètement facultative et sa (leur) position variable.
On peut dire, donc, que la constellation de base no. 2 occupe
une place intermédiaire entre la constellation de base no. 1 et
la constellation de base no. 3.
Maintenant on peut aussi comprendre pourquoi p. ex. entre les
phrases (2.1)/(2.2) d'une part et (3.1)/(3.2) de l'autre il
n'y a pas les mêmes relations: tandis que (3.1) et (3.2) se
trouvent clairement en relation contraire, la relation entre
(2.1) et (2.2) est semi-contraire et semi-identique; la raison
de cette différence est justement le fait que dans la constellation de base no. 2 on peut faire abstraction ou non de la position et de la présence de l'émetteur et/ou du récepteur. On
pourrait, naturellement, comparer maintenant chaque paire de
phrases de la constellation de base no. 2 avec chaque paire de
phrases de la constellation de base no. 3 de cette manière,
mais par manque d'espace je ne peux que laisser l'exécution
d'une telle comparaison au lecteur.

N o t e

*L'usage de la préposition "vor + dat." dans le cas présent a
encore besoin d'une précision: il faut ajouter que le sujet
parlant doit s'identifier avec la porte de façon qu'il regarde
en même temps vers l'extérieur, c.-à-d. vers celui qui vient
vers la porte, ou autrement dit: le sujet parlant doit identifier sa face avec la partie extérieure de la porte; s'il iden-
tifiait sa face avec la partie intérieure de la porte, on ob-
tiendrait de nouveau la préposition "hinter + dat.".

FANNY DE SIVERS

QUELQUES REMARQUES SUR LA "PORTE" ET LA "FENETRE"

Il s'agit des deux principales ouvertures dans une maison par lesquelles on peut entrer et sortir. Elles ont changé de forme avec le temps, mais leurs fonctions essentielles sont restées les mêmes. Il est intéressant de regarder attentivement les éléments morphologiques que l'on utilise avec les mots qui les désignent.

Quelqu'un qui entre par la grande porte extérieure - la porte cochère ou la grille de nos jardins de banlieue - peut trouver que cette "porte" est au pluriel. En russe, par exemple, nous avons le terme vorota ou voroty qui indique la pluralité des composants de cet objet. Max Vasmer note à ce sujet[1] que le mot slave n'est pas un duel, mais dès l'origine un vrai pluriel, ce qui signifie que la porte chez les Slaves s'est composée de plus de deux éléments.

Le lithuanien connaît une forme analogue : var̃tai. Le pluriel se rencontre également en letton : vārti, exemple locat. stāvēt vārtos "se tenir à la porte, à l'entrée". Le finnois et l'estonien, langues toutes proches géographiquement, ont ici le singulier : finnois portti et estonien värav. Toutefois le värav estonien peut aussi apparaître au pluriel : väravad que F.J. Wiedemann dans son grand dictionnaire[2] traduit par flügelthor, c'est-à-dire "porte à deux battants". Cf. live vāᵊrəd et carélien : läksin koišta ükšin verejin tagoakši, traduction en estonien : läksin kodunt üksi väravate taha[3] je suis sorti seul de la maison (pour aller) derrière les portes".

Si la porte extérieure est souvent une porte cochère, assez grande pour exiger une construction en plusieurs morceaux, et permettant d'ouvrir dans l'un des battants une petite porte pour piétons,

(1) Max VASMER, *Russisches Etymologisches Wörterbuch* I-III, Heidelberg, 1953-58.

(2) F.J. WIEDEMANN, *Estnisch-deutsches Wörterbuch*, 4. éd. Tallinn, 1973.

(3) P. PALMEOS, *Karjala Valdai murrak*, Tallinn, 1962, p. 116.

il est bien plus remarquable que la porte de la maison - et aussi d'une toute petite maison - puisse être désignée par un mot au pluriel.

En russe, dver[1] est au singulier, mais dans certaines expressions, le pluriel peut réapparaître, ex. stojat[1] v dverjax "se tenir dans la porte, à la porte de la maison". Le même mot au pluriel semble être courant en ukrainien dvéri, en slovène dúri, en lithuanien dùrys, en letton durvis, etc. Même Tür en allemand est un singulier déduit du pluriel (vha turi, got. daúrōns)[4]. Cf. vieux norrois dyrr, gén. dura f. pl. door-opening, doorway (Oddr hljóp út or durunum [5] "Odd sortit par la porte (les portes) en courant").

Par contre, les langues finnoises emploient ici le singulier : fi. ovi, est. uks, live ukš, carélien lyde également ukš qui apparaît à côté de verai[6].

L'ethnologue qui étudie l'habitat de ces populations peut sans doute y trouver des indications précieuses au sujet de la construction de bâtiments.

La porte a aussi un "seuil". Les textes nous montrent qu'il est possible de placer quelque chose "devant" le seuil et "sur" le seuil, et éventuellement aussi "sous" le seuil. Dans un texte vote on raconte que les villageois avaient l'habitude de déposer des balayures "sous le seuil" du jeune homme qui allait se marier : laven алла. La traduction estonnienne du texte donne "devant le seuil" läve ette[7]. Les morphèmes de localisation semblent déjà indiquer que le même mot ne recouvre pas une même réalité.

Mais que signifie le mot "seuil" ?

Selon le dictionnaire de Robert (1975), il s'agit d'une "dalle ou pièce de bois, formant la partie inférieure de la baie d'une porte". Mais on peut penser aussi à l'entrée d'une maison, au "sol qui entoure la porte d'entrée". Un exemple vote suggère l'identité du "seuil" et de la "porte" : vot tūp tännet tšehsi rixxe läve suhhe

---

(4) Fr. KLUGE, *Etymolgisches Wörterbuch der deutschen Sprache*, 20, éd., Berlin, 1967.

(5) G.T. ZOEGA, *A Concise Dictionary of old Icelandic*, 7, éd. Oxford, 1967.

(6) P. VIRTARANTA, *Lyydiläisiä tekstejä*, II (Mémoires de la Société Finno-Ougrienne 130), Helsinki, 1963, pp. 380-381.

(7) E. ADLER, *Vadjalaste endisajast*, I, Tallinn, 1968, pp. 47 et 50.

päivüd päissuma[8] "voilà, le soleil vient ici au milieu de la chambre *dans la bouche du seuil* briller".

En allemand, Schwelle est constituée par un "Balken zum Hemmen des Wassers" (poutre qui doit empêcher l'eau de pénétrer dans la maison). En estonien, chez Wiedemann, on parle de deux seuils : alumine läwi "seuil inférieur" et pealmine läwi "seuil supérieur" - 'untere und obere Thürschwelle' cf. künnis-pakk ein als Stufe vor der Schwelle liegender Klotz, der hohe, als Schwelle selbst diendende Klotz). Dans les deux cas, le locuteur peut se tenir "sur le seuil" - lävel ou künnisel (deux formes adessives), mais la première est traduite par Wiedemann 'vor der Thür' (devant la porte) et non pas 'auf der Schwelle' (sur le seuil) bien que les dictionnaires russes proposent, ce qui paraît normal, na poroge et na rubeže[9].

Les choses se compliquent quand le locuteur utilise d'autres cas que l'adessif. En vepse, par exemple, on trouve des cas locaux internes avec künduz "seuil", donc - "dans le seuil", cf. kündüses en pästä na porog ne puščču "je ne le laisse pas entrer, je ne le laisse pas passer le seuil"[10].

Cette confusion entre la position "sur le seuil" et "devant la porte" se retrouve aussi dans les traductions finnoises et hongroises : le dictionnaire de I. Papp[11] donne quelques exemples étonnants pour la "porte" : fi. olla ovella ; hongr. küszöbön áll "se tenir sur le seuil" et fi. seisoa ovella ; hongr. az ajtó elött áll "se tenir devant la porte". A priori, on peut supposer que dans les cas où "sur le seuil" se traduit "devant la porte", la pièce de pierre ou de bois qui constitue le seuil ne se trouve pas au même endroit.

En tout cas, l'expression "sous le seuil" prouve qu'il peut y avoir une cavité sous la dalle ou le morceau de bois de l'entrée et qu'une telle construction est connue dans les régions des Baltes, des Estoniens du Sud et des Votes.

La "fenêtre" avec ses possibilités morphologiques est au moins aussi complexe que la "porte". On peut réfléchir sur sa forme et sa position par rapport au sol, sa façon de fonctionner dans une civilisation donnée et les distinctions entre "se tenir à la fenêtre - près de la fenêtre - devant la fenêtre", etc.

---

(8) *id. ibid.*, pp. 31 et 32.

(9) J. TAMM, *Eesti-vene sõnaraamat*, Tallinn, 1974.

(10) M. ZAICEVA, M. MULLONEN, *Slovar' vepsskogo jazyka*, Léningrad, 1972.

(11) I. PAPP, *Finn-magyar szótar*, Budapest, 1978.

En estonien et en russe, on peut entendre couramment l'expression "sous la fenêtre" : akna all - pod oknom. Elle se traduit quelquefois "derrière la fenêtre" akna taga, za oknom. Dans les nouvelles de A.H. Tammsaare, on relève plusieurs exemples où les visiteurs arrivent "sous la fenêtre". On peut penser que cette façon de voir n'est possible que dans le cas de constructions assez basses de sorte que les gens à l'intérieur voient la tête du visiteur dont les pieds sont appuyés sur le sol sous la fenêtre.

Dans le premier tome de *Guerre et Paix* de Tolstoï[12], chapitre VI, on trouve quatre pages de texte où l'action tourne constamment autour d'une fenêtre. Il s'agit de la fameuse scène de beuverie avec exercices d'équilibre sur cette fenêtre. Toute la déclinaison de okno y passe ! On va k oknu "à la fenêtre", on saute na okno "sur la fenêtre", on cogne avec la bouteille po oknu "sur, contre la fenêtre", on grimpe v okno "dans la fenêtre", etc.

Dans un tel texte, on devine la complexité de l'emploi des prépositions avec okno. Que signifient exactement les nuances dans la description du pari de Doloxov ? Il saute na okno "sur la fenêtre" et se tient ensuite na podokonnike "sur le rebord de la fenêtre". Ensuite, il se prépare à s'asseoire za oknom "derrière la fenêtre", et l'auteur se sent obligé d'expliquer cette expression : il s'agit d'une "saillie en pente du mur derrière la fenêtre" pokatyi vystup steni za oknom.

Où commence et où finit l'espace "derrière la fenêtre", puisque les protagonistes peuvent regarder za okno pour y admirer avec une certaine frayeur le pavé du trottoir qui menace l'imprudent, car, la scène se passe au troisième étage d'un immeuble de Saint Pétersbourg ? Ses frontières semblent être encore plus floues et variables que celles de "l'espace invisible" suggérées par les cas locaux internes.

---

(12) Edition de 1979.

WOLFGANG VEENKER

EINIGE VORLÄUFIGE BEMERKUNGEN ZUR AUSDRUCKSWEISE RÄUMLICHER VORSTELLUNGEN

---

1. Um Erscheinungen in einer Reihe verschiedener Sprachen hinsichtlich ihrer Übereinstimmungen bzw. Abweichungen neutral vergleichen zu können, bedarf es eines objektiven neutralen tertium comparationis, das den Gegebenheiten aller zu vergleichenden Sprachen in adäquater Weise gerecht wird. Erst aus der Konfrontierung ist eine Kontrastierung möglich, für die Konfrontierung bedarf es zunächst jedoch auch eines geeigneten Beschreibungs- oder Darstellungsmodells.

1.1 Im Bereich der Phonologie hilft man sich zumeist mit der Vergleichung, indem man die phonetischen Ergebnisse in die Form der üblichen Matrix überträgt; um jedoch den Status der phonologischen Einheiten (Phoneme) im System richtig zu werten und daraus ableitend eine Vergleichung (zunächst Konfrontierung, daraus ggf. Kontrastierung) zu ermöglichen, ist es notwendig, den spezifischen Gegebenheiten Rechnung zu tragen und diese gegeneinander abzuwägen und entsprechend zu werten. Bei phonetischer Identität braucht deswegen noch durchaus keine phonologische Gleichheit oder Gleichstellung des Phonems im System verschiedener Sprachen vorzuliegen et vice versa.[1]

1.2 In konsequenter Fortführung können ähnliche Bedingungen für den morphologischen Vergleich gefordert werden; ich darf hier auf meinen Versuch hinweisen, ein Beschreibungsmodell vorzustel-

---

1) Vgl. hierzu W. Veenker: Aspekte einer konfrontierenden Phonologie des Ungarischen und Deutschen (Referat anläßlich der Ungarischen Wirtschafts- und Kulturtage in Hamburg, März 1982, im Druck).

len[2]), das ich an zwei Bereichen der Morphologie - der Verbal-
flexion[3]) und der Nominalflexion[4]) für eine Reihe verwandter
und nichtverwandter Sprachen erprobt habe. Bereits diese Versu-
che mögen andeuten, welche Erfordernisse bewältigt werden müs-
sen, um einen adäquaten Vergleich unternehmen zu können.

2. Im nachfolgenden sollen einige Gedanken vorgetragen werden, in welcher Weise ähnliche Fragestellungen angegangen werden können, wenn wir die materiell gut faßbaren Gebiete der Phonologie und Morphologie verlassen und in die Bereiche der Syn-
tax, Semantik und der sog. "inneren" Sprachform gelangen, d. h.
zur Frage, in welcher Weise die in der jeweiligen Sprache (oder
auch Sprachfamilie?) ggf. nur mehr latent vorhandenen Anschau-
ungsweisen in sprachlicher Form realisiert werden. Während im
Bereich der Lexik/Semantik durch den Vergleich unterschiedlicher
Ausgestaltung von Wortfeldern in einzelnen zu vergleichenden
Sprachen Ansätze vorliegen, gibt es hinsichtlich der "inneren"
Sprachform häufig nur oberflächliche Beobachtungen oder pauscha-
lierte Behauptungen, die oftmals einer Prüfung nicht standhal-
ten[5]).

3. Um etwa für den Wortschatz die notwendigen Materialien
für eine Vergleichung zu erhalten, bedient man sich gern der
onomasiologischen Fragestellung, um auf diese Weise zu erkunden,
wie die einzelnen Sprachen gewisse Gegenstände, Handlungen,
Sachverhalte, Eigenschaften etc. benennen. Dieses Verfahren soll
in etwas abgewandelter Form auch hier zur Anwendung gelangen.

---

2) W. Veenker: Entwurf einer systemimmanenten morphologischen
Beschreibung der uralischen Sprachen. In: Congressus Quintus
Internationalis Fenno-Ugristarum, Turku 1980. Pars VI, Turku
1981, 312-321.

3) W. Veenker: Verbale Kategorien in den ostseefinnischen und
baltischen Sprachen. Finnisch-Ugrische Mitteilungen 4, Hamburg 1980, 1-29.

4) W. Veenker: Nominale Kategorien in den ostseefinnischen und
baltischen Sprachen. Finnisch-Ugrische Mitteilungen 5, Hamburg 1981, 123-176.

5) Vgl. hierzu F. de Sivers: Bemerkungen zu einer "Ethnogrammatik" der ostseefinnischen Sprachen. Finnisch-Ugrische Mitteilungen 6, Hamburg 1982, 71-75.

4. Problemstellung. - Die Sprachen des östlichen Balti-
kums bzw. die Sprachen der östlichen Ostseeanrainervölker stehen seit langer Zeit in wechselseitigem und multilateralem Kontakt; es ist zu fragen und zu prüfen, in welchem Maße sich dies
in Form von Stratawirkungen unterschiedlicher Prägung manife-
stiert. Zu berücksichtigen sind die ostseefinnischen Sprachen,
hier nur durch Belege aus dem Finnischen und Estnischen dokumentiert, die beiden baltischen Sprachen Lettisch und Litauisch,
die slavischen Sprachen, hier nur durch Belege aus dem Polni-
schen und Russischen dokumentiert, und schließlich das Deutsche
(besser wäre das Baltendeutsche); Deutsch wird im folgenden in
einer etwas unglücklichen Zwitterrolle verwendet: zum einen, weil
DEU hier als tertium comparationis und Ausgangssprache (Meta-
sprache) Verwendung findet, zum anderen, weil mir momentan nur
Belege aus der deutschen Schriftsprache zur Verfügung stehen
(ich füge zwar auch niederdeutsche Belege an, jedoch aus einem
weitaus westlicheren Gebiet).

5. Verfahren. - Ausgehend von einer Anregung von Fanny de
Sivers habe ich nach ihren Vorstellungen eine kleine Skizze an-
gefertigt, die einige räumliche Relationen in einem Mikroraum
verdeutlichen soll. Dieser Mikroraum ist ein Zimmer mit einem
kargen Mobiliar (Ofen, Tisch, Stühle; Tür, Fenster), das in den
einzelnen Abbildungen in etwas unterschiedlicher Anordnung po-
stiert ist; hinzu kommen einige (variable) Personen, deren je-

Abb. 1   Abb. 2   Abb. 3

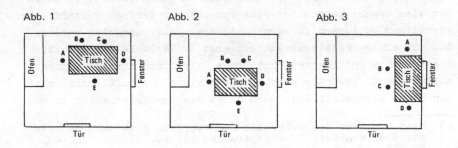

weilige Zuordnung speziell im Verhältnis zum Tisch abgefragt
werden soll. Meinen Gewährspersonen, denen diese Skizzen zusammen mit diesbezüglichen Fragen vorgelegt wurden, wurde die Aufgabe gestellt, jeweils die Positionen in Beantwortung der Fragen zu bestimmen. Das Schema sah etwa so aus:

(1) <u>stehen</u>   wo steht A ?

wo steht B ?

...

wo stehen alle ?

(2) <u>sich setzen</u>   wo setzt sich A hin ?

wo setzt sich B hin ?

...

wo setzen sich alle hin ?

(3) <u>sitzen</u>   wo sitzt A ?

...

(4) <u>aufstehen</u>   A steht auf ... (woher, von wo ?)

...

Auf diese Weise waren ca. 70 Fragen zu beantworten, also knapp
20 für jede Abbildung. Insgesamt haben mir 14 Gewährspersonen[6]
schriftlich Auskünfte für sieben Sprachen erteilt[7].

6. Verfahrensmängel. - Da die Fragebogen verschickt wurden
und im allgemeinen nicht im persönlichen Kontakt bearbeitet wurden, ergaben sich einige Mißverständnisse; auch wurden von einigen "Korrespondenten" die hinterfragten Absichten nicht immer
erkannt. Es ist daher, vor allem auch in jenen Fällen, in denen
nur eine Gewährsperson für eine Sprache zur Verfügung stand, vor
voreiligen Schlüssen zu warnen. Außerdem muß zugegeben werden,
daß mir einige Problemstellungen erst im Verlaufe der Arbeit,
die verschiedentlich zeitlich lange Unterbrechungen hinnehmen
mußte, bewußt geworden sind. Subjektivität und Zufall sind mithin nicht auszuschließen. Auch haben die Gewährspersonen in un-

---

6) Mein Dank für die mühevolle Beantwortung gilt auch an dieser Stelle meinen Gewährspersonen EB, EO, FB, FS, IN, KD, MM, PK, PT, RS, SK, TK, VR, WK.

7) Hierfür werden die folgenden Abkürzungen verwendet: NDD = Niederdeutsch, DEU = Deutsch, FIN = Finnisch, EST = Estnisch, LET = Lettisch, LIT = Litauisch, POL = Polnisch, RUS = Russisch.

terschiedlichem Maße synonyme Ausdrücke angeführt.

7. In diesen Satzbeispielen / Fragen kommt die zumindest
für die fiugr. Sprachen wichtige Lokalitätstrias (die in den meisten fiugr. Sprachen durch Kasusreihen oder Postpositionsreihen
repräsentiert ist) zum Ausdruck, wobei 'stehen/sitzen' die Ruhe-
lage, 'sich hinsetzen' und 'aufstehen (von)' die Bewegung auf
die Fragen 'wohin?' bzw. 'woher?' wiedergeben. Das bedeutet, daß
aufgrund der vorliegenden umfänglichen Materialien entsprechend
spezifizierte Fragestellungen vorgenommen werden können:
   (1) In welcher Hinsicht unterscheiden sich die Sachverhalte
       der drei Abbildungen?
   (2) Inwieweit spiegeln sich die Ruhe- bzw. Bewegungsver-
       hältnisse/Vorstellungen sprachlich wider, etwa durch
       den Gebrauch unterschiedlicher Verben bzw. verschie-
       dener Verbalpräfixe, durch den Gebrauch unterschied-
       licher Relationswörter (Postpositionen, Präpositionen)
       oder durch den Gebrauch unterschiedlicher Kasus?

8. Hier will ich mich darauf beschränken, den gleichen Sach-
verhalt in den drei Abbildungen darzustellen, d. h. Beispiele
anzuführen, die auf die Fragen
       .11   wo steht A ?
       .12   wo steht B ?
       .16   wo stehen alle ?
antworten, also nur eine der drei lokalen Ausdrucksweisen (Ruhe-
lage) anführen.

                 .11   wo steht A ?

    DEU   1.11   ... neben dem Tisch   WV
                    ... am Tisch   WV

           2.11   ... neben dem Tisch   WV
                    ... am Tisch   WV

           3.11   ... hinter dem Tisch   WV
                    ... am Tisch   WV

    NDD   1.11   ... blangen den Disch   EB

           2.11   ... blangen den Disch   EB

           3.11   ... achter'n Disch   EB
                    ... blangen den Disch   EB

FIN	1.11	... pöydän piässä	MM		
		... pöydän vieressä		PT	RS
		... pöydän ääressä		PT	RS
		... pöydän luona		PT	RS
	2.11	... pöydän päässä	MM		
		... pöydän vieressä		PT	RS
		... pöydän ääressä		PT	RS
		... pöydän luona			RS
	3.11	... pöydän takana	MM		RS
		... pöydän päässä		PT	
		... pöydän vieressä		PT	RS
		... pöydän ääressä		PT	RS
		... pöydän luona		PT	RS
EST	1.11	... laua juures	FS	PK	TK
		... laua kõrval		PK	TK
		... laua ääres			TK
	2.11	... laua juures	FS	PK	TK
		... laua kõrval		PK	TK
		... laua ääres			TK
	3.11	... laua ääres	FS	PK	
		... laua otsas	FS	PK	TK
		... laua juures		PK	
LET	1.11	... pie galda	VR	KD	EO
		... galda galā	VR		
		... galda vienā galā	VR		FB
		... galdam sānos		KD	
	2.11	... pie galda	VR	KD	EO
		... galda galā	VR		
		... galda vienā galā	VR		FB
		... galdam sānos		KD	
	3.11	... pie galda	VR	KD	
		... aiz galda	VR		EO
		... galda viņā galā	VR		FB
		... galda galā		KD	
LIT	1.11	... šalia stalo	WK		
		... greta stalo	WK		
	2.11	... šalia stalo	WK		
		... greta stalo	WK		
	3.11	... šalia stalo	WK		
		... greta stalo	WK		
POL	1.11	... z boku stołu	SK		
	2.11	... z boku stołu	SK		
	3.11	... w końcu stołu	SK		

RUS	1.11	... около стола	IN			
		... рядом со стола	IN			
	2.11	... около стола	IN			
		... рядом со стола	IN			
	3.11	... около стола	IN			
		... рядом со стола	IN			

.12   wo steht B ?

DEU	1.12	... hinter dem Tisch	WV			
		... am Tisch	WV			
	2.12	... am Tisch	WV			
	3.12	... am Tisch	WV			
		... neben dem Tisch	WV			
NDD	1.12	... achter'n Disch	EB			
	2.12	... achter'n Disch	EB			
	3.12	... vör'n Disch	EB			
		... blangen den Disch	EB			
FIN	1.12	... pöydän takana	MM	PT	RS	
		... pöydän ääressä		PT	RS	
		... pöydän luona		PT	RS	
	2.12	... pöydän takana	MM	PT	RS	
		... pöydän ääressä		PT	RS	
		... pöydän luona			RS	
	3.12	... pöydän vieressä	MM	PT	RS	
		... pöydän ääressä		PT	RS	
		... pöydän luona		PT	RS	
		... pöydän takana			RS	
EST	1.12	... laua taga	FS	PK	TK	
		... laua ääres	(FS)			
		... laua juures	(FS)	PK		
	2.12	... laua taga	FS	PK	TK	
		... laua ääres	(FS)			
		... laua juures	(FS)	PK		
	3.12	... laua juures	FS	PK		
		... laua ääres	FS	PK	TK	
		... laua kõrval			TK	
		... laua ees			TK	
LET	1.12	... aiz galda	VR	KD		FB
		... pie galda		KD	EO	
		... otrpus galda		KD		
		... viņpus galda		KD		

LET	2.12	... pie galda	VR	KD	EO
		... aiz galda	VR	KD	FB
		... otrpus galda		KD	
		... viņpus galda		KD	
	3.12	... pie galda	VR	KD	FB
		... blakus galdam	VR		
		... galdam sānos		KD	
		... aiz galda			EO
LIT	1.12	... už stalo	WK		
	2.12	... už stalo	WK		
	3.12	... už stalo	WK		
POL	1.12	... za stołem	SK		
		... blisko końca stołu	SK		
	2.12	... za stołem	SK		
		... blisko końca stołu	SK		
	3.12	... przy stole	SK		
RUS	1.12	... за столом	IN		
	2.12	... за столом	IN		
	3.12	... позади С	IN		
		... за С около стола	IN		

<u>.16   wo stehen alle ?</u>

DEU	1.16	... um den Tisch herum	WV		
		... am Tisch	WV		
	2.16	... um den Tisch herum	WV		
		... am Tisch	WV		
	3.16	... um den Tisch herum	WV		
		... am Tisch	WV		
NDD	1.16	... üm'n Disch rüm	EB		
	2.16	... üm'n Disch rüm	EB		
	3.16	... an'n Disch	EB		
		... blangen den Disch	EB		
FIN	1.16	... pöydän ympärillä	MM		RS
		... pöydän ääressä		PT	RS
		... pöydän vieressä		PT	
		... pöydän luona		PT	RS
	2.16	... pöydän ympärillä	MM	PT	RS
		... pöydän ääressä		PT	RS
		... pöydän vieressä		PT	
		... pöydän luona			RS

FIN	3.16	... pöydän ääressä	MM	PT	RS	
		... pöydän vieressä		PT		
		... pöydän luona		PT	RS	
		... pöydän ympärillä		(PT)	RS	
EST	1.16	... laua ümber	FS	PK	TK	
		... laua juures		PK	TK	
		... laua ääres			TK	
	2.16	... laua ümber	FS	PK	TK	
		... laua juures		PK	TK	
		... laua ääres			TK	
	3.16	... laua ümber	FS	PK	TK	
		... laua juures		PK	TK	
		... laua ääres		PK	TK	
LET	1.16	... ap galdu	VR		EO	FB
		... galdam visapkārt		KD		
		... visapkārt gald(u)				
		(dialektal)		KD		
		... pie galda		KD		
	2.16	... pie galda	VR	KD		
		... ap galdu	VR		EO	FB
		... galdam visapkārt		KD		
		... visapkārt gald(u)				
		(dialektal)		KD		
	3.16	... pie galda	VR	KD		FB
		... ap galdu	VR		EO	
		... visapkārt gald(u)		KD		
		... galdam visapkārt		KD		
LIT	1.16	... aplink stalą	WK			
	2.16	... aplink stalą	WK			
	3.16	... aplink stalą	WK			
POL	1.16	... do koła stołu	SK			
		... około stołu	SK			
		... przy stole	SK			
	2.16	... przy stole	SK			
		... do koła stołu	SK			
		... około stołu	SK			
	3.16	... przy stole	SK			
RUS	1.16	... близ стола	IN			
		... вокруг стола	IN			
		... у стола	IN			
	2.16	= 1.16 oder spezifiziert für die einzelnen Personen	IN			
	3.16	= 1.16 oder spezifiziert für die einzelnen Pers.	IN			

9. Vorläufige Auswertung. - Verallgemeinernd kann gesagt
werden, daß natürlich in den genannten Beispielen die einzelnen
Personen A, B ... "am Tisch" stehen; es zeigt sich jedoch, daß
sehr wohl von allen Gewährsleuten eine Differenzierung in bezug
auf die einzelnen Personen vorgenommen werden kann. Die Beispiele, die hier vorgeführt werden, machen deutlich, daß die Prä-
oder Postpositionen vielfach eine polysemische Funktion haben,
dies wird auch aus dem Anhang ersichtlich. Es ist des weiteren
innerhalb der Sprache durchaus ein Schwanken zwischen einzelnen
Gewährsleuten zu beobachten: hier kommt es natürlich auch auf
den Standpunkt des Betrachters an; die meisten Gewährspersonen
betrachteten die Situation von der Tür aus. Weitere Untersu-
chungen werden möglicherweise ergeben, daß die Unterschiede innerhalb einer Sprache u. U. auf das Alter oder die lokal-dialek-
tale Herkunft der Gewährsleute zurückzuführen sind. Natürlich
dürfen auch gerade in diesen Fällen Interferenzwirkungen nicht
ausgeschlossen werden, weil alle Informanten mehrere Sprachen
beherrschen und z. T. seit längerer Zeit außerhalb des eigent-
lichen Sprachgebiets leben. Der Umstand, daß die Gewährspersonen in vielen Fällen nicht zwischen Abbildung 1 und Abbildung
2 unterscheiden, kann auf die vielleicht nicht ganz deutlich
gelungene Zeichnung zurückgeführt werden (die hier natürlich in
gleicher Form wiedergegeben wird, wie sie den Informanten vor-
gelegen hat). In den meisten Fällen ist jedoch ein Unterschied
zu Abbildung 3 zu konstatieren.

10. Mit diesen wenigen und zudem vorläufigen Beobachtungen
sollte ein Einblick in die Arbeitsweise und in die gewonnenen
Materialien gegeben werden. Es ist mir klar, daß dies nur der
Anfang ist. Eine entsprechende Ausweitung ist geplant. Ich wäre
daher allen Kollegen für die Übermittlung entsprechender Anre-
gungen und/oder Korrekturen dankbar.

11. Anhang. - Nachfolgend gebe ich die Bedeutungsangaben
für die einzelnen Präpositionen bzw. Postpositionen an, wie sie
sich in den Wörterbüchern finden[8]:

---

8) An anderer Stelle werde ich aufgrund des ebenfalls durch
meine Informanten gewonnenen Materials die unterschiedli-
chen Ausdrucksweisen mit Hilfe verschiedener Kasus, Prä-
und Postpositionen behandeln.

FIN: <u>luona</u> 'bei, an'; <u>päässä</u> 'in einer Entfernung von ..., in
einem Abstand von ...'; <u>takana</u> 'hinter, jenseits, bei';
<u>vieressä</u> 'neben, bei'; <u>ympärillä</u> 'um, um ... herum'; <u>ääressä</u>
'neben, bei, an';

EST: <u>ees</u> 'vor'; <u>juures</u> 'bei, an'; <u>kõrval</u> 'neben'; <u>otsas</u> 'auf,
an'; <u>taga</u> 'hinter, an'; <u>ääres</u> 'an'; <u>ümber</u> 'um, um ... herum';

LET: <u>aiz</u> 'hinter, jenseits'; <u>ap</u> 'um, um ... herum, bei';
<u>blakus</u> 'neben'; <u>galā</u> 'am Ende'; <u>otrpus</u> 'auf der anderen Seite,
jenseits'; <u>pie</u> 'an, bei, neben, vor'; <u>sānos</u> 'an der Seite';
<u>vienā galā</u> 'an einem Ende'; <u>viņpus</u> 'jenseits'; <u>visapkārt</u>
'ringsherum, ringsumher';

LIT: <u>aplink</u> 'um, um ... herum'; <u>greta</u> 'neben'; <u>šalia</u> 'neben';
<u>už</u> 'hinter';

POL: <u>blisko końca</u> 'gegen Ende, nahe dem Ende'; <u>do koła</u> 'um ...
herum', <u>około</u> 'um ... herum'; <u>przy</u> 'bei, neben'; <u>w końcu</u> 'am
Ende'; <u>z boku</u> 'jenseits'; <u>za</u> 'hinter';

RUS: <u>близ</u> 'nahe bei, in der Nähe von'; <u>вокруг</u> 'um ... herum';
<u>за</u> 'hinter'; <u>около</u> 'neben, an, bei'; <u>позади</u> 'hinter'; <u>рядом
со</u> 'neben'; <u>у</u> 'bei, an, neben'.

FANNY DE SIVERS

L'ESPACE VISIBLE ET L'ESPACE INVISIBLE

REFLEXION SUR LES CAS INTERNES
DANS LES LANGUES FINNOISES DE LA BALTIQUE

L'existence de deux séries de cas locaux - les externes (allatif, adessif, ablatif) et les internes (illatif, inessif, élatif) - montre bien une distinction essentielle entre l'extériorité et l'intériorité dans les langues finnoises de la Baltique. On ne peut y confondre, en principe, l'intérieur d'un objet et sa surface.

Mais le lexème "table" (fi. pöytä, est. laud) est particulièrement intéressant, car, combiné avec les morphèmes internes, il peut modifier son contenu sémantique. Si le clou peut être planté "dans la table", les hommes aussi peuvent se trouver "dans la table".

La table est un meuble important de la maison finnoise[1]. On l'utilise pour les repas, mais aussi pour le travail ou, simplement, pour y appuyer les coudes, en bavardant avec des amis.

Dans la plupart des langues finnoises, on s'asseoit en général "derrière la table"[2], car, la table a été à l'origine une longue planche de bois - est. laud signifie encore aujourd'hui "planche" - installée au fond de la pièce d'habitation en face de la porte d'entrée.

Toutefois, le locuteur peut aussi s'asseoir "dans la table" - - les formes utilisées sont internes - et dans ce cas, il s'agit d'un repas. Les gens se réunissent pour manger ensemble et ils s'ins-

---

(1) Aimo TURUNEN, *Kalevalan sanakirja*, Helsinki, 1949.

(2) Fanny de SIVERS, Ethnogrammatik und Ethnogrammatisches aus dem Finnisch-ugrichen Wohnraum, *Nyelvtudományi Közlemények*, Budapest, 1983, pp. 55-65.

tallent "dans la table" (ill. fi. pöytään, est. lauda), ils mangent "dans la table" (iness. fin. pöydässä, est. lauas) et après le repas, ils se lèvent de "dans la table" (élat. fi. pöydästä, est. lauast)[3].

Si l'on admet que toute forme grammaticale est choisie en fonction d'une situation réelle, on peut demander ce que signifient au juste ces formes internes.

La table est un objet solide aux contours précis, occupant une portion d'espace déterminée et ayant ainsi un volume facile à calculer. Il est évident que l'on peut s'asseoir éventuellement "sur la table", mais certainement pas à l'intérieur de celle-ci.

On peut donc supposer que l'inessif indique ici un espace qui dépasse l'objet visible et mesurable. La table est séparée du monde extérieur par un espace invisible qui lui appartient et dont il est difficile de définir les limites[4].

Mais, on peut toujours essayer de fixer quelques frontières approximatives. Lorsqu'on est assis à une table pour y manger, il faut se tenir suffisamment près pour pouvoir mettre "les pieds sous la table", les mains à côté de l'assiette, etc.

Mais, seul celui qui mange se situe "dans la table", sa chaise n'y est pas. La chaise est plutôt "près de la table" ou "dans le bord de la table", notion que nous verrons plus loin. On peut donc imaginer une limite qui passe derrière le dos du convive.

Il est évident que les dimensions de la table "espace visible + espace invisible" ne peuvent être mesurées avec précision. On peut

---

(3) Fi. pöytä "table" peut ici être remplacé par ateria "repas" que l'on combine avec les cas externes : olla aterialla "être à table", nousta aterialta "se lever de table", etc.

(4) Les êtres vivants aussi sont entourés d'une espace invisible qui leur appartient et qui règle la distance à respecter. V. Edward T. HALL, *The Hidden Dimension*, New York, 1966 ; trad. fr. *La dimension cachée*, Paris, 1971, qui analyse l'espace social et personnel et sa perception par l'homme.

s'inspirer ici de la théorie du *fuzzy set* "ensemble flou"[5] et supposer que le volume réel de la "table" reste imprécis et varie selon
les convives et leur position et même les objets disposés sur elle.

En estonien, une assiette ou un vase est posé "sur la table",
par contre, un chat peut être assis "sur la table" ou laua otsas
"dans le bout de la table". L'orateur qui veut haranguer la foule
dans une grande salle grimpe en général laua otsa "dans le bout de la
table". Ots "bout" indique ici l'espace au-dessus du meuble qui semble
varier selon l'être qui s'y trouve.

NB. Si le maître de maison est laua otsas, il peut évidemment
se tenir debout sur la table, mais en général il est assis au bout
de la table, lorsque celle-ci est relativement longue. (Cf. fi.
pöydän päässä "dans la tête de la table", live lõda tutkamõs "dans
l'extrêmité de la table"). L'espace ots semble signifier, par consé-
quent, l'extrêmité de la table et le dessus.

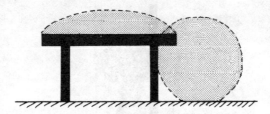

Faut-il voir dans la perception de l'espace supérieur de la table l'explication de l'usage finnois - tuoda pöytään (ill.) "porter

---

(5) Cette théorie dont l'auteur est le chercheur américain L.A. ZADEH, est appliquée
surtout en mathématique. Cf. les travaux de A. KAUFFMANN, C.V. NEGOLTA, D. RALESCU,
D. DUBOIS et H. PRADE.

dans la table", c'est-à-dire "servir le repas" ? L'estonien et le vote semblent avoir une vision différente du repas : vote ...i kẹittši
annẹtti лavvaлe, est. ...ja kõik anti lauale (allat.) "et tout fut
apporté sur la table"[6]. Cf. carélien lyde : столал "pöydälle"[7].

Il convient d'ouvrir une parenthèse pour remarquer que l'expression "dans la table" apparaît quelquefois dans la littérature pour
décrire des situations où les personnages sont attablés sans l'inten-
tion de manger. Mais cet emploi des cas internes est marginal.

Quant on s'asseoit à table sans vouloir y manger, on se met plutôt "dans le bord de la table". L'inessif dans des expressions comme
fi. pöydän ääressä - ääri "bord" - est. laua ääres, permet d'élargir
l'espace invisible autour de la table dans lequel il est possible de
loger des chaises et des bancs. (Cf. fi. vieri "bord", vieressa
(iness.) "à côté, tout près de quelque chose").

Le "bord" augmente le volume de beaucoup d'autres objets, par
exemple la fenêtre (fi. ikkunan ääressä "à la fenêtre", est. akna
ääres, fi. pianon ääressä "au piano", est. seina ääres "près du mur"
(cf. fi. seinävierellä), etc.

(6) Elna ADLER, *Vadjalaste endisajast*, I, Tallin, 1968, pp. 40-41.

(7) Pertti VIRTARANTA, *Lyydiläisiä tekstejä*, III (Mémoires de la Société Finno-Ougrienne, 131), Helsinki, 1964, p. 44.

Le "bord" des formes externes et des formes internes n'est pas toujours le même. Dans le cas d'un meuble comme le lit, l'Estonien s'assied "sur le bord" - voodi äärele (allat.) - s'il ne veut pas rester debout voodi ääres (iness.) "dans le bord du lit", c'est-à-dire devant le lit, par exemple pour parler à un malade.

Les inessifs indiquent la présence d'une bande imaginaire entourant un objet totalement ou en partie. La largeur de cette bande varie selon les habitudes et l'intuition du locuteur.

L'expression d'intériorité là où le regard ne distingue aucun espace tridimensionnel apparaît aussi dans d'autres langues. L'exemple du suédois jag sitter i telefon "je suis assis dans le téléphone", c'est-à-dire, "je suis au téléphone", invite à étudier des cas analogues ailleurs pour découvrir des espaces visibles et leurs prolongements.

HELGE DAGFINN RINHOLM

FLOORED ?

ON THE SEMANTIC STRUCTURE OF LEXICAL TERMS REFERRING TO THE FLOOR IN CONTEMPORARY RUSSIAN AND LITHUANIAN. A PRELIMINARY STUDY TOWARD COMPARATIVE INTERLINGUAL SEMANTICS

Cet article est extrait d'une étude consacrée aux aspects théoriques de l'analyse des relations spatiales à partir du norvégien et de l'anglais.

A system of semantic relations between spatial terms in a given language presupposes an overview of wholes and parts, a description of the total domain of the universe of discourse and its articulation into parts. It is necessary to establish a survey of entities and subunits, as well as a listing of possible relations holding between them. A classification of entities and relations in terms of differences (systematic opposition) and identities (partial equivalence), in other words, by means of semantic distinctive features, is a prerequisite for a truly systematic analysis of the semantic domain in question.

The terms of the system may be analysed in external, correlative ways, and in an internal manner with reference to internal constitution or configuration. Accordingly, the analytical process may range from the most abstract structural statements of systematic opposition and equivalence, to the most concrete accounts of material constitution, construction, and function, as in the descriptive semantics of the "Wörter und Sachen" tradition.

In the process of establishing the set of correlations within such a semantic domain, one is often forced to operate, not only with explicit correlations of identity and difference, but also with implicit ones, thereby in effect explicating that which in everyday semantic transactions is normally taken for granted and left out of account.

In this paper we shall look at some terms designating the
floor, or ground space enclosed within a building, taken
from modern Russian and Lithuanian. With respect to the
structure of partial equivalents, two possibilities stand
out. There may be a core of identical meaning accounting
for the intertranslatability of the respective terms, or
these may turn out to be completely different in structure.
In the final count, terms of this type may well be techno-
logical in nature, with ultimate reference to manner of
construction and/or material constitution. Such facts become
important when one's aim is an expandable and coherent semantic
system, where congeneric terms must share distinctive features.

*

Manmade space represents a detachment from natural space,
both in terms of domains and routes, starting out with the
perceived link between a human being and its spatial position,
either in repose or in transition. The detachment factor
is seen in the marks of human activity, from the single
settlement to the collective territory. Human settlement
entails a transformation of space, the establishment of
manmade space, from a single enclosure and shelter, to a
system of such, extended by the enclosures and routes of
animal husbandry,   ground modification through agriculture,
and the ultimate growth of the urban landscape. (Compare
Lewis Mumford: The City in History. Its Origins, its
Transformations, and its Prospects., New York 1961.)

The existence of shelters in nature (caves) and in the
manmade environment (sheds, houses) entails an opposition
between internal and external space on a microsemantic
level. Accordingly, we shall distinguish between internal
and external ground surface. Furthermore, since shelters
like caves and houses function as containers, their ground
surface may be viewed as a bottom, on a par with the bottom
of any other container, including graves, lakes, boxes, and
cases. Bottom is of course a complex and relative concept,

since it refers to the lower surface of a container shape,
seen in relation to its side or walls, to the height and
vertical dimension of these, as well as to the depth of the
resultant enclosed volume of space. The fundamental element
of ground and basis inevitably enters into complex spatial
configurations in natural and cultural space. Since it is
often taken for granted and left out of consideration, the
aim of this paper is to take it into account and explicate
it as a separate component.

*

In the process of establishing a distinctive feature description
of internal ground space at a microsemantic level, the set of
criteria employed may refer to the degree of modification
characterizing the floor, either in terms of process and
construction, in terms of the relative parts and links of
the total structure (framework and gridwork), or in terms of
material constitution. The available lexical terms in the
languages we have chosen may ultimately (i.e. at least ety-
mologically) refer to any of these concrete criteria, as
well as to the more abstract ones already mentioned, or to
a combination of these, whereas it is likely that only the
more abstract relational and spatial features are selected
for semantic attention when these terms enter into constructions with prepositions and cases.

Roughly speaking, four different types of floor can be
singled out: the stamped dirt floor (including the clay
floor), the stone floor (including the flagstone floor),
the brick masonry floor, and the wooden floor. Further
modifications of a mineral and/or synthetic nature need not
be considered here. Criteria of potential importance at
the microsemantic level include the following ones:
degree of hardness (compactness, durability, stability,
fixity), uniformity and texture (simplicity, complexity),
manner of arrangement (joining, bounding, covering, layering,
parallel position, joist and transom support, gridwork and
framework).

Now that the basic oppositions have been indicated and
the first points of orientation have been marked off,
we have a set of tools that can be applied to the material
that has been chosen for closer scrutiny. We shall begin
with the Russian data.

Russian

The general Russian term for 'floor¦ is <u>pol</u>. The 17-volume
Academy Dictionary gives the following definition of this
term: 'nižnij nastil v pomeščenii, po kotoromu xodjat'
(the lower flooring/planking/deck in a room/dwelling, on
which one walks). Ušakov's 4-volume dictionary has the
same definition, but extends it with a further determination:
'i na kotoryj stavjat mebel', v otličie ot sten i potolka'
(and on which furniture is placed, in contradistinction to
the walls and the ceiling). The latter definition is more
explicit, and implies a relational, oppositive semantic
perspective. On the basis of this information it is
possible to establish a few semantic components of a
relatively general nature, either entering into the internal
composition of the lexical item in question, or immediately
associated with it as contextually determined valency
properties.

A natural point of departure is the term <u>nastil</u> ,
defined by Ožegov, <u>SRJa</u>, as 'poverxnost' iz dosok (ili
drugogo materiala), nastlannyx na čem-nibud'' (a surface
of boards, planks or other material laid on something),
in its turn related to the verbs <u>nastilat'/nastlat'/stlat'</u>
which are often used precisely in connection with the term
<u>pol</u>: (to lay, to spread, to extend, to spread on a surface,
to join component covering parts extended on a surface).
Without at this point singling out which semantic features
belong to which morphemic segment, we may   separate
these components:

1. extension, extensivity
2. flatness, layering, lamination
3. surface, covering, circumscriptive outline

4. separate parts, components
5. joining of components, (lateral) juncture

Further semantic components implicit in the definitions
given above may now be explicated. For this purpose it
will be useful to operate with a set of simple diagrams.

6. located within a room, dwelling, building =
   interior space, interior, inward orientation

7. bounded by wall; closure, circumscription
8. bottom of a container shape, containerhood

9. Horizontal extent as opposed to verticality of
   lateral walls, orientation of lying vs standing

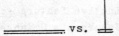 vs.

10. Lower level, as opposed to the parallel (and
    equally wall-bounded), but higher surface level
    of the ceiling

11. Ground + surface functioning as basis and support
    holding up persons and objects placed upon it

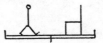

12. The floor represents a boundary between downward
    solidity and closure, and upward openness

As we proceed to survey the typical uses of the lexical
term in question, in other words, the characteristic
syntagmatic contexts into which it enters, it soon becomes
clear that the abstract boundary function which has already
been pointed out plays a central role both in the syntagmatic
and the paradigmatic characterization of the entity in
question. This is particularly obvious in collocation
with prepositions which themselves presuppose, imply, or
even partially signify boundary functions and somewhat
more abstractly, a function of distance quantification,
such as ot (from) and do (to):

    ot potolká do póla (/dó polu) četyre metra
    (the extent from ceiling to floor measures four meters)
    (Ušakov)
    Zanaveski visjat dó polu
    (the curtains touch (i.e. hang to) the floor
    (Ušakov)

Such a boundary function may be seen as a variant manifestation
of the semantic invariant distinctive feature +circumscrip-
tivity, roughly equivalent to Jakobson's Umfangskorrelation
or +quantification feature. Another variant of this feature
is that of surface outline, which dominates in collocation
with prepositions where the surface reference or implication
is dominant, such as na (on) and po (along on, round about on).

    kniga upala ná pol
    (the book fell (down) on the floor)
    (Ušakov)
    sobaka ležit na polú
    (the dog is lying on the floor)
    (Ušakov)
    mjačik katitsja pó polu
    (the ball rolls along on the floor)
    (Ušakov)
    poverxnost' pola
    (the surface of the floor)
    (Ušakov)

Yet another circumscriptive variant is that of <u>closure</u>
and <u>covering</u>. We may single out this variant in constructions with the preposition <u>pod</u> (under, covered over by),
which itself seems to comprise such a semantic value as
one of its inherent components:

> myši pód polom
> (the mice are under the floor)
> (Ušakov)

One distinctive feature is thus seen to be responsible for
three closely related but separate uses ("senses") of the
same term in three different contexts. At the same time
we see how this one distinctive feature of the morpheme
<u>pol</u> links up with (partially) equivalent constituent
features of syntagmatically conjoined forms like prepositions and case endings.

The reality of the outline boundary and the cohesive
solidity and hardness of the enclosed matter become
particularly noticeable when a force vector is projected
onto it, as in accusative constructions with the preposition
<u>ob/o</u> (onto, upon, against, at):

> Model' -- ób pol, čerteži i rasčety -- v pečku
> (the model was smashed against the floor, and the
> sketches and calculations had been put into the stove)
> (Surov, <u>Zelenaja ulica</u>, <u>SSRLJa</u>)

The semantic value of <u>support</u> (and gravity?), which cannot
be relegated to the dimension of +circumscriptivity, seems
to be added to the (affected) surface value in constructions
like the following one with the preposition <u>v</u> + the accusative case, with an example quoted from M. Gorkij:

> On ostanovilsja, krepko upirajas' nogami v pol
> (he stopped, firmly supporting (himself with) his legs
> on (lit. in juncture with) the floor)
> (Ušakov)

One may of course relegate the idea of support to the
verb upirajas' itself, while the preposition seems to
add an element of meaning which for the time being we may
briefly characterize as inward oriented or intimate juncture,
while the accusative case appears to add an element of
directed affectedness. All that we are entitled to say
about the floor itself is that here it merely represents
a base line and a grounding, while the syntagmatically
added features in this instance remain external, non-inherent
with respect to the floor.

That the surface outline of the floor encloses an
interior structure with its own tissue and its own (potential)
divisions and parts and links, is pointed up by the
preposition v + the locative case referring to an inherently
inward position:

> v polú ščeli
> (there are cracks in the floor)
> (Ušakov)

The inherent construction and material constitution of
the floor likewise come to the fore when adjectival
attributes specify its properties and nature:

> derevjannyj pol (wooden floor)
> kamennyj pol   (stone floor)
> zemljanoj pol   (dirt floor)
> glinobitnyj pol (clay floor, trampled flat, hard and smooth)

One notices that the contemporary standard Russian language,
in contradistinction to contemporary standard Lithuanian,
has no separate primary term referring to 'dirt and clay floor',
and that the Russian term pol thus seems to be more general
than the equivalent Lithuanian terms.

One of the essential and inherent properties of the floor
is that it be flat and smooth. In addition to being an extended
surface, it is a horizontal level. We may say that it lies,
or more abstractly, that it displays a lying orientation,

functioning as a base surface for acts of lying and layering.
It is a matter of plain observation that the floor itself
v ery often is a laminated structure, and that it may be
characterized precisely within a semantic dimension of actual
and potential lamination, on a par with the terms and notions
of lying, level, and flatness. Such 'potential lamination'
may furthermore be considered a special case of a semantic
feature which we may call +laterality or parallel arrangement.
This feature becomes noticeable when the term pol is used
in conjunction with other terms referring to lying/laying
and various types of covering layers:

> Nekrašenyj pol byl načisto vymyt i snabžen vo vsju
> dlinu polotnjanoj dorožkoj
> (the unpainted floor had been washed clean and
> equipped in its entire length with a strip of linen
> carpet)
> (Salt. Blagonam. reči, SSRLJa)
>
> Pol byl pokryt sloem pyli
> (the floor was covered by a layer of dust)
>
> Sobaka ležit na polú
> (the dog lies on the floor)

When the term pol is seen in a wider morpho-semantic
perspective, as part of a larger comparative paradigm,
it is clear that precisely this semantic component plays
an essential role within the entire paragdigm. A careful
rading of Dal' (Tolkovyj slovar' živogo velikorusskogo
jazyka, vol. 3, pp. 248-250) and Vasmer (Etimologičeskij
slovar' russkogo jazyka, vol. 3, p. 306) will bring this
point out.

Other Russian terms with similar semantic components
could also be treated here, especially such that refer
to the lower surface or layer of a container shape
(dno, tlo, pod), but at the present time it will be
sufficient to keep in mind the possibility of cross-
lexical semantic equivalences.

That semantic equivalence is an elusive phenomenon
becomes painfully obvious in the process of interlingual
translation. The equivalence that makes translation
possible is invariably partial and normally accompanied
by differences. To illustrate this point we shall
compare the Russian term <u>pol</u> with partially equivalent
terms in Lithuanian, Norwegian, and English.

Lithuanian

The general term for 'floor' in contemporary standard
Lithuanian is <u>grindys</u>. This form is a plurale tantum
based on the f.sg. form <u>grindis</u> meaning 'floorboard,
bridge plank'. While the singular form refers to an
inherently incomplete, constituent element of a larger
whole, the plural form presents the given object precisely
as the product of a joining process, an interconnected
set of elements held together in a framework or a gridwork,
or both. The factor of <u>joining into</u> a larger whole may
thus be singled out as a constituent semantic feature
of the term in question. Integration of separate parts
can be described as a special variant of a semantic
dimension (distinctive feature) which we shall call
<u>+connectivity</u>.

In sentences referring to floor construction, the sense
of putting together and joining component parts into a whole
is clearly noticeable:

Petro troboj yra sudėtos grindys
(the floor has been built (put together) in Petras' house)
(Grš, <u>LKŽ</u>)

Grindìs deda
(they are laying, putting down the floor)
(JJabl., <u>LKŽ</u>)

Piaunam luboms ir grindims lentas
(we are sawing boards, planks (intended) for (building)
the ceiling and floor)
(S.Dauk, <u>LKŽ</u>)

Another nuance of the semantic connectivity dimension stands
out in sentences where the term grindys is used to refer to
the hard frozen ground of swampland, whether we consider this
usage transferred or not, namely a sense of cohesion and
fixity, combined with a different semantic dimension of
hardness and solidity, material stability.

> Kol grindis turi, galima ginti gyvulius per balas
> (while the frost holds up one can drive the animals
> across the swamplands)
> (Rod. LKŽ)

> Lauke   jau seniai grindį paleido, o miške dar vis laiko
> (the frost has long since loosened its grip on the
> open field, while it still keeps its hold in the forest)
> (Aly. LKŽ)

Yet another basic meaning, namely that of containment and
holding power, can be separated in the latter sentence.
Although this semantic element is an obvious function
of the verb laiko, one may suspect the potential presence
of such a component even within the total semantic makeup
of the term grindys, whether it is explicitly inherent or
merely implicit. This becomes clear when the evidence
presented by the actual usage of grindys is collated with
evidence from the related verbs grindyti 'to construct a
floor, a firm basis', gristi, pagristi 'to found, to
place on a firm foundation, to ground'. The semantic
factor of grounding may perhaps be linked to the notion
of holding power and given the status of a separate
semantic dimension, possiblyunder a heading of gravity.
More comparative evidence is needed to verify this
tentative statement. At least it is important to be
aware of the presence of this semantic factor, even if
it cannot be precisely defined at the present time.

As a total object the floor of course represents a
bounded internal ground area and a surface outline.
This semantic property appears to be the dominant one
when the term grindys enters into a construction with
the preposition ant 'on, based on' + the genitive case:

Gulėdamas, kampe ant purvinu grindu, Kasparas
ilgai negalėjo sušilti
(lying in a corner on the dirty floor, K. was
long unable to warm up)
((A. Gud-Guz. LKŽ)

Attention is also focused on the surface outline of the
floor when the noun is modified by an adjective referring
to protective covering, with an added implication of
layering:

Išdažytos grindys
(a painted floor)
(DLKŽ)

All in all one may say that the semantic structure of
the term grindys primarily refers to inherent structural
properties of its denotatum, while external boundary
functions seem to be represented by relatively peripheral
(preposition and case) and external (adjective) elements
in the given syntagmatic contexts.

In addition to the general term grindys, the Lithuanian
lexicon offers two primary terms which designate the
dirt floor, a smooth and flat ground surface of clay,
compacted and leveled by trampling: asla and laitas.

Asla iš molio plūkta seklyčio
(the sitting-room floor is made out of trampled clay)
(J. LKŽ)

Asla nešluota, suolai nemazgoti
(the dirt floor has not been swept and the benches
have not been washed)
(Grš. LKŽ)

Eik per aslelę
(walk across the dirt floor)
(JV LKŽ)

Ant aslos žmonės javus kulia
(people thresh wheat on the dirt floor)

While the inherent semantic structure of contemporary Lith.
grindys turned out to be relatively transparent, asla
seems rather opaque. Inherent component parts cannot
be singled out. Instead we are reduced to the more
abstract external determinations 'bounded ground area',
'surface outline', and 'flatness, level', especially in
the prepositional constructions. Whether this term
originally carried a reference to the act of production
(i.e. trampling underfoot) or not, must remain pure
conjecture, and the question cannot be taken up here.
Interestingly enough, the form asla is used in two highly
specific functional senses, with reference to 'threshing
floor' and 'hearth floor, bottom level surface in oven'.

> Išlaistai visus puodus, betraukdama iš pečiaus,
> kai asla nelygi
> (if the bottom level of the oven is uneven,
> you spill the contents of all the pots as you pull
> them out)
> (Lp. LKŽ)

An almost complete equivalence relation (synonymy) obtains
between asla and laitas, even down to the variant 'oven
bottom'. But in addition to the semantic components
of 'level and flatness', 'surface outline', 'separate and
bounded domain', 'lower position', and 'grounding', 'bottom',
the latter term comprises an element of bonding and joining,
which becomes dominant in a specialized use of the word
with reference to glue, perhaps merely an abstraction of
the lipid property of wet clay, which in its turn is the
most common material constituting the dirt floor.

> Paprastuosius laitus idėti ing vandeni dėl išminkštėjimo
> (put plain glue in water to soften it)
> (S.Dauk. 1847, LKŽ)

> Laitas reikia gerai suplūkti, kad sudžiūvęs nesuskiltų
> (the clay floor should be trampled solid, so that it
> doesn't crack when it dries up)
> (Ps. LKŽ)

klojimo laitas labai išįręs
(the threshing floor is full of cracks)
(Jnšk. LKŽ)

Vakar užlaisčiau klojimo laitą
(yesterday I fixed the threshing floor (i.e. wetted
it, filled up and covered the cracks with wet clay))
(Slm. LKŽ)

Naujai išplūktas laitas yra labai lygus
(a clay floor that has just been compacted is very even)
(Kpr. LKŽ)

Iki šiol gryčioj buvo molinis laitas, dabar dės
medines grindis
(until now the farm house had a clay floor, now
they'll put in a wooden one)
(Kp. LKŽ)

Nušluok laitą - tuoj duoną sodinsim
(sweep the baking surface in the oven, we'll put in the
bread right away)
(Grv. LKŽ)

Since grindys is normally a wooden floor, while laitas and
asla are made of clay, the former is seen as invariably
hard, the two latter are potentially soft, and only
extrinsically, conditionally, hard, a fact that is brought
into focus by some of the more specialized and figural
uses of the given terms (e.g. frozen ground vs wet clay
and glue). The softness and lipid plasticity of clay
must be considered two of its essential defining properties.

One more Lithuanian term should be kept in mind, namely
padas (an equivalent of Russian pod), primarily designating
the sole of the foot, but also with extended uses, where it
refers to the footing and bottom surface of a standing,
ground-supported object, as well as to the affected ground
surface itself, specifically the dirt floor, the threshing
floor, and the baking surface inside the oven.

As in the case of the corresponding forms in Latin (<u>solum</u>)
and German (<u>Fussboden</u>), Lithuanian <u>padas</u> places the ground
and floor within an anthropocentric functional perspective:
a footing, a surface and basis for standing (and walking).
The semantic distinctive features of grounding and surface
outline remain essential throughout all the variant uses,
while the notion 'support for standing, footing' must be
given a componential semantic description that harmonizes
with that of a term like <u>standing</u>, which needs separate
treatment, though we may informally refer to it here as
<u>+stability</u> (a term which in itself represents a bundle of
semantic distinctive features).

Against the general background of the distinctive features
that have been employed, it is now possible to plot the
relative position of the Russian and Lithuanian terms with
respect to each other. We need not recapitulate the
similarities and differences point by point.

WILLIAM R. SCHMALSTIEG

THE EXPRESSION OF SPATIAL RELATIONSHIPS IN OLD PRUSSIAN

The only texts of any length in Old Prussian which could give us any idea about the spatial relationships are the catechisms, the first two of which were published in 1545 and the third of which was published in 1561 in Königs-berg. As one will be able to see from the following examples, which are ac-companied by the German original from which the Old Prussian was translated, these catechisms are rather slavish translations. Although there exists an excellent facsimile edition of the Old Prussian corpus prepared by V. Mažiulis, 1966, I refer here to the Trautmann, 1910, edition since it is more easily avail-able in western libraries and since it is accompanied by a carefully prepared glossary. The catechisms are labeled by the Roman numerals, I, II and III (=Enchiridion) respectively, the first Arabic numeral refers to the page of the Trautmann edition and the second Arabic numeral refers to the line. Thus I,7,27 means the First Catechism, page 7 and line 27 (in Trautmann's edition). I have chosen to discuss the prepositions since the prepositions rather than the declensional endings seem to carry the burden of the expression of the spa-tial relationships. This is somewhat different from the situation of Lithuan-ian and Latvian which can express spatial relationships in some circumstances by the various locative declensional endings. It is unclear as to whether the Old Prussian language itself had given up the exclusive use of locative cases without prepositions, or whether the translation from German was so slavish that some of the available locative cases were just not used. I am personally very doubtful concerning the linguistic reliability of the Old Prussian texts and incline to the latter view.

Because of the subject matter of the catechisms it is only natural
that the locative notions are chiefly abstract in meaning and the number of examples showing concrete observable spatial relationships is relatively small.
(It should be pointed out that sometimes the preposition is written together with
the following word, usually a definite article, e.g., ēnstan 'in the' where ēn-
is the preposition and stan is the definite article.)

The preposition en (orthographic variant an) 'in' is represented by
the following examples:

1. (I,7,27)

   an   maian   kraugen
   jnn   meinem   Blut

2. (II,13,28)

   en mayiey   krâewiey
   jnn meinem   Blut

3. (III,23,19)

   en= wissai   nautei
   inn allen   nŏthen

4. (III,69,7)

   en   noūmans   popeckūt
   inn   uns   bewaren

5. (III,71,16)

   en   swaiai   pērgimie
   in   seiner   Natur

6. (III,71,16)

   en   mat=//tei   kaigij
   inn massen   wie

7. (III,77,1)

   ēnstan   emnan
   in dem   Namen

8. (III,39,19-20)

   stawīdas madlas ast steismu Tāwan   Endangon enimme=//wingi
   solche   Bitte   sind dem   Vatter im Himel angeneme

9. (III,51,22)

en   twai//ans   rānkans
inn   deine   Hende

10. (I,7,10)

ny   wedais   mans   enperband=//an
nicht   einfu̎re   uns   jnn versuchunge

11. (III,39,16)

prēisien   imlai   en   stan   dangon
zu sich   neme   inn   den   Himel

One notes immediately that only the examples 1, 2 and 8 above really
show a concrete usage of the preposition en to denote a position of rest. One
would expect a dative or a locative case under these circumstances. Curiously
enough, however, example 1 seems to show an object in the accusative case as
opposed to the apparently correct example 2 which shows the object of the preposition in the locative case. Example 8 is suspicious because we find En 'in'
with dangon 'heaven' which is evidently in the accusative singular, although denoting a position of rest.

Examples 9, 10 and 11 show the usage of en 'in, into' denoting the object of motion, although example 10 shows a figurative usage 'into temptation'
rather than a concrete usage. Since example 9 'into thy hands' refers to the
hands of God it is debatable whether one should consider this a concrete usage
or a figurative usage.

The preposition esse (assa):

12. (I,5,28)

assastan   swintan   naseilen
vom   heiligen   Geyst

13. (I,5,29)

assastan   jungkfrawen   Ma=//rian
von //   Maria der jungkfrawen

14. (I,5,31)

   assa   gallans
   von   den   todten

15. (III,65,26-27)

   īduns   esse   stesmu   garrin
   gessen   von   dem   Baum

16. (III,65,27)

   Esse kawīdsmu // as   tebbei   laipinna
   dauon   Ich   dir   gebot

   (from which)

17. (III,55,25)

   essestan   Ebangelion   maitātunsin
   vom   Euangelio   sollen sich neeren

18. (III,63,23)

   esse=//   stan   Greiwakaulin
   aus   der   Riebe

19. (III,63,23-24)

   kawij=dan   tans   esse   stesmu   smu=//nentin   immats
   die   er   von   dem   Menschen   nam

As the above examples show, esse (orthographic variant assa) translates
either German von or aus usually corresponding to an English meaning 'out of' in
the concrete sense, cf. examples 15, 16, 18 and 19. Example 12 comes from the
creed and translates '(conceived) by the Holy Ghost' and reflects an agent usage.
It would be interesting to know what, if anything, such a phrase might have meant
to an Old Prussian peasant. Examples 13 and 17 express agent usage also. Example
14 also has a somewhat concrete meaning equivalent to English 'from among.'

The preposition is:

20. (I,7,26)

   pugeitty   wissay   is   stasma
   trincket   alle   daraus

                          (out of it)

21. (III,51,10-11)

is	twaiā=//smu	Lastin	etskīsai
auss	dem	Bette	fehrest
	(thy)		

22. (III,69,36)

mes	kīrdimai	is	schismu	Ebangelion
Wir	hȫren	auss	diesem	Euangelion

23. (III,75,16-17)

is	stesmu //	gīrbin	steison	nidruwīngin	isklaitints
auss	der	Zal	der	Unglaubigen	gesondert

The meaning of is seems to be 'out of, from the inside of.' Examples 20 through 23 all illustrate this meaning. Example 21 is one of the extremely rare instances in Old Prussian in which we can actually observe the use of a pre- position with a spatial meaning in the confines of the household. It should be noted that a Lithuanian expression iš lóvos išlipti 'to get out of bed' uses a cognate preposition, but it is still impossible to know whether the Old Prussian is was used merely under the influence of German aus.

The preposition kirscha:

24. (III,57,5)

tennei	budē	kirscha	iousan	Du=//sin
sie	wachen	uber	ewer	Seelen

25. (III,67,11-13)

Bhe	rikauite	kirscha	suckans	en	iūrin /
und	Herschet	uber	Fisch	im	Meer /

kirscha	stans	Pippalins	pō	Dangon	bhe	kirscha
uber	die	Vȫgel	unter dem	Himel	und	uber

wissans	swīrins //	kas	no=semmien	līse
alles	Thier	das	auff//Erden	kreucht

The preposition kirscha denotes 'over' both in the figurative sense as can be seen from example 24 and also the concrete sense as can be seen from example 25.

The preposition no:

26. (III,19,14)

no   tautan
auff dem Lande

27. (III,25,3)

nosemien
im land

28. (III,33,10)

nosemmien
auff Erden

29. (III,65,30-31)

turei stan Sālin nostan laukan istwei
solt das Kraut auff dem Felde Essen

The preposition no denotes 'on' and the meanings seem very close to the Slavic na, the expressions of examples 27 and 28 being very reminiscent of Russian na zemle 'on the earth.' It clearly translates German auf under most circumstances.

The preposition pirschdau (pirsdau)

30. (III,53,12-13)

Stai malnijkai / bhe Seimīns tur//ri sen
Die Kinder   und Gesinde sollen mit

senditmai rānkān bhe /// kanxtei /
gefalten henden und   züchtig

pirschdau stan stal=//an trapt
für (vor) den Tisch tretten

31. (III,51,17-18)

pirsch=dau	wissan	skūdan	bhe //	wargan	assei	pokūntuns
für (vor)	allem	schaden	unnd	fahr	(hast)	behütet

32. (III,45,9)

pirsdau	Dei//wan
für (vor)	Gott

Example 30 is again one of the few instances showing the concrete usage
of a preposition with spatial meaning in the confines of a household. Since the
preposition also translates German vor in the figurative sense (see examples 31
and 32) it is impossible to know whether this tells us anything about the spatial
relationships as understood by the Old Prussians, or whether we have to do with
another slavish calque.

The preposition po:

33. (III,67,12)

pō	Dangon
unter	dem Himel

34. (III,61,16-17)

pōstan	ware=//wingin	rānkan	Deiwas
unter die	gewaltige	Handt	Gottes

35. (III,71,10)

po	Deiwas	nertien
unter	Gottes	Zorn

Examples 33 and 34 show the concrete usage of po to denote 'under'
whereas example 35 shows the figurative usage. Again, this preposition is used
to translate German unter.

The preposition pra:

36. (III,35,20)

pra	swaian	etnīstin
durch	seine	gnade

37. (III,55,18)

pra=//stan   Rettīweniskan   mukinsnan
durch die   heilsame   Lere

38. (III, 75, 1-3)

en   urminan   iūrin   auskan=//dinnons   /   bhe   twaian
im   Roten   Meer   erseufft   unnd   dein

amsin   Israel   sausā // prastan   prawedduns
Volck   Israel   trucken hindurch   gefürt
                         (through·it)

Both examples 36 and 37 translate German <u>durch</u> in the figurative sense
and the only example which translates German <u>durch</u> in the concrete sense is example 38 wherein it is a question of the Lord's leading the people of Israel
through the Red Sea.

The preposition <u>prei</u> (<u>prēi</u>):

39. (III,51,29)

tu   prei   lastan   ēisei
du   zu   Bette   gehest

40. (III,27,2-3)

sen   reddisku   perdāsai
mit   falscher   wahr
ad=//der   wargasmu   kāupiskan   prēimans   pīdimai
oder   bösem   handel   ahn uns   bringen

41. (III,39,15-16)

esse   schan   //   powargewingiskan   lindan /   prēisien
von   diesem   jamer- //   thal   zu sich

imlai   en   stan   //   dangon
neme   inn   den   //   Himel

42. (III,27,23)

Schlāits   stesmu   stansubban   prei   polaikūt
Sondern   jhm   dasselbige   zu   behalten

Example 39 again expresses a spatial relationship within the confines
of the household. Since only the notion of actually getting into the bed makes
any sense here, it must be considered that this is the intended meaning. On the
other hand, examples 40 and 41 certainly do not show the meaning 'into,' but
rather 'to, towards, for the benefit of.' Example 42, which shows prei used to
translate German zu in an infinitive construction, seems to be a pure calque because the use of a preposition in an infinitive construction seems to run counter
to the evidence of extant Latvian and Lithuanian.

In conclusion then, Old Prussian has little to offer for the study of
spatial relationships in the languages of the Baltic area. The evidence should
be included only in order to make such a study complete. One can apply knowledge
of the other Baltic languages to the solution of problems in Old Prussian, but
it is hardly possible to use the data of Old Prussian for the solution of problems in the other Baltic languages.

References

Maziulis, V. 1966. Prūsų kalbos paminklai. Vilnius, Mintis.

Trautmann, Reinhold. 1910. Die altpreussischen Sprachdenkmäler.
          Göttingen, Vandenhoeck and Ruprecht.

Dépôt légal 4ème trimestre 1984